無聊、空虛、絕望……
紓解無助感的
哲學配方

陶國璋

編輯說明 ————

本書內容大部分由陶國璋先生在網絡媒體及大學教學時的影片整理而成,部分篇章係與其他青年學者的對談,部分是陶氏個人獨講。

章節目錄由陶國璋先生選定,文稿亦經陶先生與編輯修訂,與影片內容並不完全相同。

書中涉及的怖慄感、荒謬感、人生意義等問題,陶先生思考經年,本書中的內容在陶氏過往著作的基礎上,再進行了更多對話、修訂、新的思考。

第一章：認識基本情緒的哲學

第二章：情緒異化現象

第三章：輕不著地的空虛至沉重的絕望

第四章：人生的意義

認識基本情緒的哲學

▊情緒也有哲學嗎？——1

對談者：黃沐恩（美國辛辛那提大學哲學博士，香港恒生大學社會科學系副教授，著有《情動於中：生死愛慾的哲學思考》）

陶國璋（下稱陶）：黃沐恩博士是專門研究情緒哲學，本來這科目比較冷門，通常哲學都是研究形而上學、知識論等等。但研究情緒，一般此範疇都是心理學研究居多，即是該如何輔導，或怎樣解決情緒問題。其實情緒哲學該怎樣思考？

——要平衡情緒的波動，先要了解它

黃沐恩（下稱黃）：其實情緒哲學在哲學界一直都不流行，自柏拉圖起，我們都強調理性，情緒就是阻礙理性的東西。所以你不

需要研究情緒，你只需控制它、趕走它就可以了。但慢慢我們發覺並非如此簡單，或者說，若你真的要控制它，但你不了解它的本質，是很難控制的，所以就有人嘗試去研究情緒哲學。現代英美相對流行的一個派別，叫情緒認知理論（cognitive theory of emotions），雖說這是很新的東西，但其實它是源自於古希臘的斯多葛學派，所以它會叫自己做 Neo-Stoicism，新「斯多葛」學派。斯多葛學派的理論挺特別的，因為我們一般認為情緒就是一種感覺，或是一種身體反應之類，但斯多葛學派則認為，情緒之為情緒的關鍵在於它是一種判斷。當你判斷自己遭逢危險時，你就會經歷恐懼的情緒，這是斯多葛學派的核心，引申至現代也是以此作為主張。

陶：我對這方面不太熟悉，但在網臺聽蕭若元先生提過，印象深刻。他說情緒是我們思維或理性的「打包」（綑綁式連結）活動，是 package，即綜合在一起。例如我們看見一隻老虎，你不可能在思想或概念上分析，這隻是甚麼動物，體型有多大。你只要見到牠的斑紋，意識到這是危險的動物，你就要逃跑；這是一種保護自己的方式。又如嫉妒，原來仇殺案中，男性嫉妒作為動機佔很高比例。他見到女性所謂紅杏出牆時，會攻擊甚至擊殺所謂姦夫，因為他懷疑自己孕育的下一代不是自己的，這非常影響他的所謂 resources（資源）。於是情緒就變成一種打包活動，即只要見到紅杏出牆，他就會撲殺對方。

黃：其實我也很同意這種打包論，當然這是一種很實在的講法，

但我們心理學或哲學其實也有很多相近的特定名詞，其中一位心理學家 Richard Lazarus（理查·拉薩魯斯），他把不同打包，稱為 Core Relational Theme，意思是每種情緒都在處理一個特定的演化危機，例如恐懼處理生命受威脅的情況，恐懼時，自然會作出一系列反應。但正因這種 package（打包）特性，使我們很容易忘記情緒背後包含的判斷。因為我們不需有意識去判斷，就已反應了，但這不等於你沒有判斷，因為我們可能是無意識地判斷，甚至是我們的身體比腦袋更快速地判斷。所以如果我們某程度上想了解或控制情緒，我們必須找回這些情緒背後的判斷，才能夠幫助我們去控制情緒。

陶：這一點我也覺得很有道理，因為人類已活在一個比較文明和有文化的階段。我們在原始森林或草原建立出的本能反應，有時是不適用的，很多時候都不適用。但因為已過太長時間，即幾百萬年。在智人階段時已打包成某些恐懼、憤怒、仇恨，這些仇恨甚至變成現在所說的種族主義。所以對於情緒，有時我們也能感覺到它變成一種衝動。在文明社會或現代社會裡，我們發現衝動是需要調節的。但這樣說是否表示所有情緒都純粹是生物的保衛機制呢？

—— 情緒是先天的還是後天的？

黃：對於最初、最基本的情緒，我們可以這樣說。譬如有不少心

理學家，例如很有名的 Paul Ekman（保羅·艾克曼）。他認為我們有六種基本情緒，包括快樂、憤怒、恐懼、噁心和悲傷、厭惡。這些就是基本情緒。

但很明顯人的情緒很豐富，不止這六種。以悲傷為例，有人稱為悲傷，有人稱為絕望，有人稱為難過，各有些微不同，似乎跟生物保護機制沒有直接關係，是受到社會文化影響，而衍生或演化出不同情緒的細節。

陶：剛才提到「情緒認知理論」，是否用作認識情緒的基本形態？

黃：所謂情緒認知理論，是嘗試分析每個情緒涉及的判斷，即是你一定要作出某種判斷後，才會感受到某個情緒。一些認知心理學家在這部分做得非常仔細，甚至把某個情緒出現之前涉及的十二個判斷都分析出來。當然不是說你看見蛇後，要作出十二個判斷才會害怕，而是指在「害怕」這個情緒的 package 裡，其實已包裝了許多判斷在其中，是在長年演化之中，以千年、萬年、十萬年計而寫錄下的。我們必須把它找出來，知道原來涉及 A、B、C、D、E 等等這些判斷，才能幫助我們去理解（情緒），我認為這個理論最強的地方，是能幫助我們理解情緒的複雜性。

陶：但有一個問題，東方哲學對情緒的理解又不一樣。例如宋明理學家朱熹說過：「存天理，去人欲」，這區分會否和剛才的說

法有衝突？天理是指道德的規律，是良心的規律，而人欲就是貪婪或剛才說的慾望。人欲則被界定為自私，天理則是公共的心，公心的部分，這種說法是否一種反思呢？

黃：其實現代科學家對此都有很多意見，其中一點是，到底道德是否後天才學會的？我們是否在演化機制中演化出道德這回事，所以我們天生就會——至少對於某些道德要求有所追求，例如公平；公義就比較難說，但公平就相對明顯；又或是中國哲學家很喜歡說的惻隱之心，我們可以有很多翻譯，你可以稱為 shame 或 guilt。

一些兒童心理發展研究，發現兒童大概在 18 至 24 個月左右，普遍都會出現 shame 或 guilt 這種情緒，不需學習，這似乎是證明這些事情可能是生而有之的證據。

陶：但有一種想法，例如孟子講的四端之心，惻隱、是非、羞惡、辭讓，這惻隱之心，可以譯作 empathy，即同情心。這可以一個大腦內，人類特別豐富的，叫 mirror neuron 的鏡子神經元來解釋。因為我們能代入另一個人，才能學習，以這種目的式解釋的話，惻隱之心只不過是人類發展到某階段的倒影。

另一個我們剛才提到的，是非之心，可引申為對公平的要求。這裡有個反駁的例子，例如讓兩個小朋友做實驗，一個拿著十枚金幣巧克力，要他分配，他直接把九個留給自己，一個給別人，或只分配兩個給別人，但對方也可以否決，那就兩個人都沒有巧克力。因此，只要另一個小孩覺得分配的方式不公平，就很容易生

出一種有趣的報復心態，而進行拒絕。這解釋了是非之心所代表的對錯或公平，往往是人類長期的博弈效果，甚至是一種原始博弈效果，這很有趣。還有一個要稍微補充，待會我們可以再思考一下，就是辭讓之心。

辭讓之心就是禮讓、讓座，因為我們作為群體生活的人類，需要互惠而利他。《自私的基因》（*The Selfish Gene*, 1976）提到，我們幫助對方，對方也幫助我，於是人們能在合群中得到很多回應。所以你的辭讓不是無條件，而是希望得到回應。

最後一種羞惡之心，你剛才也討論過，就是 guilty 的感覺，很可能也是基於我們在群體生活中需要得到認同。當失去認同時，我們就產生一種羞惡感，例如秩序感很強的日本社會，同時羞惡感也很強。在互相影響下，就形成了辭讓，所以辭讓是生物學的。我們稍後再具體地談談不同情緒的形態，接著再分析一下，再了解這個問題。

「Core Relation Theme」的概念來自 Richard Lazarus 於 1982 年發表的 *Emotion and Adaptation*。這個概念對於情緒和壓力應對的研究範疇中有重要影響。

Core Relation Theme 的概念強調每個人的情緒體驗和應對行為及策略，都是基於他們對於特定情境的詮釋和理解，這種詮釋會影響人們所感受到的情緒，並指引他們採取應對措施。Lazarus 認為，人們所處的情境會引發他們特定的 Core Relation Theme，進而影響他們的情緒反應和應對行為。因此，了解和識別個人的 Core Relation Theme 可以幫助我們更好地理解和應對情緒反應，並有效應對壓力和情緒困擾。

《自私的基因》（*The Selfish Gene*）是由英國演化生物學家、英國皇家學會會士理查德‧道金斯（Richard Dawkins）所著，出版於 1976 年，是現代生物學史上的經典之一。道金斯提出，自然選擇是基於基因層次而非個體層次進行的；基因為了自身的生存和繁衍，會促使個體甚至族群進行某些行為；他以這種基於基因的自私性理論解釋了生物界各種現象，包括合作、競爭和共生等行為。道金斯時常在媒體上談論科學，其暢銷著作還有《延伸的表現型》（*The Extended Phenotype*, 1982）次之。

2 —— 厭惡與噁心

陶：這一節我們談論噁心。我們給嬰兒吃苦的東西，就看見他皺眉的表情，是一種不喜歡的反應，英文稱噁心為 disgust。噁心這心理現象比想像中複雜，人類當然見到髒東西如蟑螂，就覺得厭棄。但有時當我們看見殺人，或不公義的事情，也會感覺到噁心；或我們看見一些影響衛生的髒物，像廁所裡的穢物，我們會覺得噁心。這麼說，我想分析一下，噁心有沒有不同的層次？最基本的噁心是指甚麼？

—— 噁心是最基本的保衛機制

黃：其實噁心可以說是這麼多種情緒中最基本的。意思是，原初狀態的噁心是最基本的。噁心有不同層次。第一種是對不潔威脅

的噁心。一些不潔的東西就會引起你噁心的反應，從而防止你進食這些不潔的東西；例如嗅到一些發臭的肉，因為嗅到它發臭而覺得噁心，你就不去吃它；如果你真的吃了，你也會覺得噁心，會反胃把它吐出來。某程度上這也是保護你的身體免受細菌感染的機制，所以你能看到，絕大部分會引起我們噁心的事物，都是不乾淨的，例如排泄物或蟑螂。蟑螂本身未必不潔，但牠常接觸到不潔的東西，所以我們很易把它們聯想在一起。這就是噁心最基礎的狀態。

陶：這種基礎我們以前也提過，情緒是一種我們稱為「打包」（綑綁式連結）的捷徑活動，這可能是一種很強的保衛機制。甚至引申來說，女性的潔癖多於男性，很可能跟她的生育衛生本能有關。她不必了解細菌理論，也許是原知初物，亦可能是經驗累積，知道稍微骯髒也可能影響嬰兒的存活。這樣反過來說，噁心變成一種求生的保衛機制，保衛我們不被不潔或威脅生命的事物接近，因而產生一種不假思索的直接反應，可能會作嘔、掩住鼻子或是離開。

黃：它的本能性甚至是強大的，你明知道那東西也許不髒或無害，但也沒法制止你的噁心。譬如某些有趣的餐廳，會特意找個馬桶形狀的餐盤盛咖喱飯。你明知道那是咖喱，知道它是乾淨的，但目睹時，難免會噁心。當看見類近污穢物的東西，或嗅起來覺得怪怪的，即使理性上知道是乾淨的，但也沒法抑制這種能力。所以就像陶先生所說，這種情緒是你的 package（本

能設計），被寫在基因，你沒辦法對抗它，至少最初期是沒有辦法的。

陶：理性上你明知道它是乾淨的，但當你聯想到它污穢的形象，我們經過幾百萬年的概念編程，自然會令你反感。對於污穢的東西，你不願提及，也不願接近。

黃：是的，其實這挺有趣的，這也是我每次上課會做的實驗。每次教到這課，我就把檸檬茶倒進尿壺裡，然後請學生喝，我跟他們說喝了會加分也沒人肯喝。因為兩者太相似了。想想看，一些有泡沫的棕色液體在尿壺內。所以這是人類一種直接的身體反應，甚至不同動物也會有這種噁心反應。

陶：有關第二類型，有一種噁心是我覺得比較奇怪的。當我們看到截肢者，或是癌症病人在掉頭髮時，也會有一種厭棄、噁心的感覺，為甚麼呢？

── 動物本能噁心

黃：這是第二種，挺特別及複雜，心理學家稱為「動物本能噁心」，英文叫 Animal Nature Disgust。首先，這種噁心在我們看來，是不道德的。見到一個傷殘人士，他截肢失去一隻手，或看到一個臉上長很多膿瘡的人，你會有一種噁心的感覺。其

實你知道不應覺得噁心，那是他不情願的，甚至你應該同情。但就如我們剛才所說，這是一種 package（本能設計），你自然就會湧現出噁心。而他們所說的動物本能噁心，意指某些東西藉噁心來提醒我們，人類看似很厲害，是萬物之靈，但其實你跟一般動物沒分別，都是有血有肉，會生老病死。而某一些（並非全部）能提醒我們這點的事物，就很易帶來動物本能噁心的感覺。

陶：我有一個回憶。小時候看到一群野狗，其中一隻長滿蝨子和癬痢。我觀察，一段時間後，其他狗隻竟是咬牠、攻擊牠。看起來好像很不幸，我當時從書中找到解釋，動物有一種族群優生要求，認為一個病弱，或有傳染病的個體會對族群造成危險，所以會將牠排斥出去，甚至趕走牠。

黃：人類社會也會這樣。現代社會可能少一些，但像以前的麻瘋病人被隔離。某程度上，不能說這完全不對，例如 SARS 期間，你也會隔離患者。這不是歧視，只是當你看到 SARS 病人，會否退後兩步？當然會。這是我們最本能的一種噁心感覺，一般動物未必會有，因為動物不覺得自己高人一等，而人類認為自己高人一等。於是有些人會說，如果第一種基礎噁心是防止身體受到感染；這種動物本能噁心就是防止人之為人的靈魂受到感染。好像有人跟你說，你不是那麼高高在上，你有血有肉，也會死亡。你看這屍體，你最終也會變成這樣；你看這一堆落髮，你早晚一樣會脫髮。這就為我們帶來一種動物本能的噁心。

陶：我們不願意接受某些醜陋，或接近死亡的形象。於是在看到那些事物時，我們會保持距離，或隔離它。

黃：自動隔離它，因為我們不想接受這件事。但你心裡又知道，這是沒法不接受的。

陶：有一種噁心，涉及到社會倫理的問題。舉個例子，在二、三百年前，黑人在美國、歐洲和很多地方都被隔離，他們覺得黑人是不潔的。當然現在我們大概都較能接受。這類種族歧視，因為你的膚色、你的信仰差異而產生厭棄感又如何解釋？

——噁心可以很可怕

黃：第三種我們一般叫作道德噁心，Moral Disgust。它最離奇的地方，是它的身體反應和最原初那種噁心差不多。譬如你可以嘗試觀察，或測量一下自己的身體反應，會發覺當你見到一些排泄物，和見到一些你很討厭的事物，例如政客時，身體反應都差不多：都是心跳減慢、血壓降低之類。於是有些人會得出一個結論，認為這些噁心都是天然的，既然人們天然覺得黑人噁心，也就證明黑人如蟑螂一樣污穢。基於這種想法，使得人類出現許多悲劇。實際上人類的噁心很多時候並無道理，譬如我們剛才所說，人類對於傷殘人士的噁心，對老人、病人的噁心持續多年，甚至到今天仍或多或少帶有這種感覺。如果你相信因為這種噁心

是天生的，所以它是 justify（合理）的話，那就非常危險。因為它的危險性，所以我覺得道德噁心是值得討論的。

陶：還有一點補充，在你的著作《情動於中：生死愛慾的哲學思考》裡，有一段我印象很深，講述盧旺達屠殺事件。事件中，胡圖族和圖西族可以在 100 日內殺死一百萬人，甚至是用刀砍，不是用槍，因為他們沒有槍。為何這種滅族式屠殺可以殘酷至斯？

黃：這的確是我很關注的問題。想像一下，如果因為憤怒或利益，其實不用做得那麼狠絕。有分析說，如果二戰時德國不屠殺猶太人，可省下很多資源，戰事也暢順很多，屠殺猶太人對整個戰事毫無好處。就正如盧旺達大屠殺，為甚麼要殺一百萬人這麼多？只為了威嚇？若單純憤怒，似乎還不足以達成這種事。我們會說，當你對一個人憤怒時，你依然把他放進一個道德圈。意思是，我和你都是人，你對不起我，所以你要賠償，要受懲罰。但當你對那件事噁心時，你就不再視其為人，你會視其為一些骯髒的蟑螂。想像一下，你看到蟑螂時會怎樣？你會用拖鞋拍扁牠。但你有否想過，其實牠沒有得罪你，就算牠得罪你，也用不著買蟑螂屋殺牠全家。但我們通常不會這樣想，因為對方不是人，牠是蟑螂，牠是骯髒的，所以滅牠全家也是合理的。

如果一個人把另一族人，正如胡圖族人把圖西族人看成為蟑螂，網上有些影片，當時胡圖族人的廣播就是把圖西族人叫成蟑螂。如果視其為蟑螂，殺他時也真的毫不手軟，甚至想盡辦法也要去殺死對方。而且是否槍殺，用甚麼殺也沒關係——要殺一隻蟑

螂，你找不到拖鞋，捲起報紙也是一樣，你不會思考以一個人道方法去殺他。

所以噁心最可怕、最危險的地方，是他會將人視為非人去看待，這也包括道德噁心。你想想，在人類歷史以來，黑人長期不被視為人看待；今時今日，同性戀者遭受的歧視，某程度上也是被道德噁心驅使。也許人們並非不當對方是人，不過你想想，你剝奪他某些人權，某程度上你已不把他當成一個完整的人看待。所以我覺得這是道德噁心帶來的一種危險性。

陶：這種歧視是人類其中一個很大的災禍。

人類是一種很特別的意向性動物，這跟別的動物不同，我們會用一些所謂意義結構去理解世界。我再解釋一次，就好像你看一張報紙，那張報紙並非只是印有油墨，而是有很多字詞，並帶著不同意思。因此你看這個世界也一樣，總有各種不同意思，這些意思本身結合了我們基本的求生本能。例如我們會看到一些骯髒的東西，認為它威脅我們，最簡單的例子，惡臭是最明顯的。為甚麼覺得臭、腐爛是很難聞的東西？因為我們過去的祖先進食後肚瀉嘔吐，甚至死亡，這變成一種記憶，變成一個基因編程。自此以後我們都聞不得這種味道，當然蒼蠅嗅到死屍可能沒這個問題，這是相對的。由此我們產生出一種厭棄感，厭棄感以不假思索、直截了當的方式，讓我們對它有反應，並產生保衛性。但人類較複雜，我們會思考，更有思想觀念。所以哲學家會反省，觀念的災禍有時比生物本能的打擊或攻擊更嚴重。他可以說你是階級敵人，或說你是猶太人，是人類的渣滓，或是剛才圖西族和胡

圖族指斥對方是蟑螂。

這些過程中會產生一連串情緒，首先你不把他看成同類，更是一個厭棄對象，是需要被消滅的。它跟普通的清除不同，不是要洗乾淨，消滅的意思是，它會激起你的所謂獸性，並進行攻擊。在攻擊過程中，它令你越發不可收拾。如剛才所說很重要的一點；它不是純粹一種憤怒或利益考慮，而是人類思想的內部運作。

再補充一點，在我印象中，希特拉宣傳猶太人時，他當時拍攝了部分猶太人生活的環境，專門拍攝一些蛇頭鼠目的猶太人，較骯髒的樣子，甚至是放高利貸，將所有負面形象放在一起。對於一些本來已有潔癖感的德國人來說，當宣傳持續到某個程度，大家就真的相信猶太人是渣滓。

他甚至提出一套觀念，希特拉在《我的奮鬥》（*Mein Kampf,* 1925）中有句話，「我不相信有神，不相信有亞當夏娃，但是我們願以德意志民族，成為人類未來的祖先。」他以這種理念，創造了一個更宏大的想法，再加上手段化的過程：只要我們清除猶太人，或像文革時期的中國內地般，只要清除了黑五類，國家就會富強。所以他提出兩個方面，一方面為那些共同利益者，即無產階級或當時日耳曼民族提供理想性；同時製造厭惡性，像中國人喜歡說的「以理殺人」，以道理去殺人。這比普通的殺戮、普通的侵略更恐怖。

—— 操控噁心的意識形態

黃：這點的確是很厲害。說到噁心，它有一種天然的反應，很多政治人物或獨裁者很善於利用這件事。試想像每個人都會有排泄時、吃飯時很骯髒的一面，但若把它剪輯在一起，每天播放，你自然會對其生出噁心的感覺。感到噁心時，也自然會降低你對他的同情心，因此你就可以對他做任何事情。

這種噁心危險的地方，在於很多人都知道它的能力，並加以利用。當它被利用時，我們作為一般平民百姓，是很難抵擋的。所以更要強調一點，是我們需要反省，很多時候，當道德噁心被倡議成一個好的指標，看似能告訴我們事情的對錯時，實際上卻不然。當噁心出現時，我們必須先反省，但你也不需要太難過。譬如你見到一個肢體傷殘的人，覺得噁心，那是否代表你是一個禽獸，因為你歧視傷殘人士？倒也未必，因為真正決定你人格的，是你噁心後的反省。你噁心後反省，可以覺得不應噁心，反而應幫助他。

老實說，譬如你在街上遇到一對同性戀人，他們正進行一些親熱行為，你也許會立刻覺得噁心，那是否就代表恐同呢？我覺得不一定，只是他的方式跟你不同，你作為人，天生會對此噁心。問題在於噁心感湧現後，你怎樣面對它。如果你面對的辦法是，我要禁止你們結婚、要燒死你，那你就是恐同了；如果你退一步想，我這種感覺可能受我的宗教、教育所影響，不應如此，我應該把這份噁心放在一旁，以理性態度去面對它，我覺得這部分反而是重要的。由於噁心的天然性太強，所以我們更加要反省它，

才能防止其危險蔓延出去。

陶：所以就這點我想總結一下，之前我們經常討論自由意志、道德的問題。當然如果你從心理實驗的角度，自由意志是很難證明的。的確很多時候在我們判斷前，已有某些動機推動了你，但另一方面，我們發覺道德如此莊嚴，就是我們有一種超越性。

我們當然有很多本能，如剛才說，最明顯就是這種噁心感、厭惡感，但當我們察覺厭惡感出現時，如果能夠反求諸己，反省一下，理解到對方都值得同情、對方也有其立場，想到對方時，這過程的開放性就顯露出我們的自由。所以，自由的顯露能對抗我們的本能，或該這樣說，它把我們的本能反應納入一個更高級的表現，就是說我們確實厭棄，但同時，我們也可同情對方。例如像醫護人員，每天面對許多排泄物，很多傷殘人士，我覺得其偉大在於，他們慢慢能接受這種厭惡，變成一種愛心。

「四種噁心」（Four types of disgust）是由心理學家保羅．羅茨（Paul Rozin）提出的概念，羅茨是一位在飲食心理學領域具有廣泛影響力的心理學家，他的研究重點包括情感、文化心理學和消費者行為等領域。
「四種噁心」包括：

· 生物學上對不潔感的噁心（core disgust）
· 動物本能噁心（animal-nature disgust）
· 人際噁心（interpersonal disgust）
· 道德噁心（moral disgust）

3 —— 憤怒 ▌

　　憤怒是心理保衛機制。為甚麼人要憤怒呢？因為對人來說，最重要是要求公平。公平是人類聚居的一個很重要的和諧原則。憤怒首先是覺得不公平，有時候不一定是教育所得的，而是本能的博弈就是：我這樣對你，你同樣對我，才可以合作。

　　但為甚麼人類會出現奴隸這種不公平的現象？根據馬克思的說法，奴隸必須要經過意識形態的改造。例如中古時皇帝是上帝給他權力，君權神授，透過教皇幫他加冕，所以皇族貴族特別神聖。那平民或是農奴呢？你出生就不好，是你的命不好。你的血緣不是神給予你的，因此你替那些人耕種，或被剝削很多，你都不覺得有甚麼問題，而會認命，忍受怒氣，自覺做奴隸就是這樣的，我們應該俯仰由人，因為我們的命不好。在中國，魯迅筆下的祥林嫂就是這樣。

—— 憤怒源於不公平

古代這種半迷信思想，使人接受自己的不公平。但是在開放的社會，公平就構成了很複雜的爭鬥，便形成憤怒。憤怒本身有時理性，有時不理性。古羅馬的智者塞內卡（Seneca, 4 B.C. - 65 A.D.）有本書叫 《論憤怒》（*On Anger*），分析憤怒是怎樣的。第一，包含一個判斷，就是我受到傷害，這傷害是一種不公平的感受；第二則是傷害我的人應該受懲罰，追求報復。所以其特點就是憤怒、公平、報復，怨懟、仇怨是一個整合過程（package）。當仇怨很深時，相隔多年仍要報仇，怎樣都要殺死他之類，這是人類特有的。你可見過動物報仇？一隻豹被咬了一口，思索三年後，會不會決意要回咬一口，但不要咬死對方，而要折磨對方？動物沒有復仇這種觀念，牠只會憤怒。

有一種叫私怨層面的憤怒，就是我們直接感覺到剛才說的私怨式。就是我個人感覺受到傷害，於是產生不公平感。當覺得不公平時，我們覺得要有懲罰；如果沒有懲罰，則更加不公，所以引申成一個原則：善有善報，惡有惡報。這就變成宗教裡的很重要的回報。例如我們在生時，可能很坎坷，受到很多苦難，但是因為我相信神會回報我。我自己沒宗教信仰，但我聽過很多基督徒說他們受到苦難，但相信到時神在天國會有回報；伊斯蘭教也是，任何在世間受的苦難，在天國裡有更多回報。

「911」事件中幾個劫機者撞毀紐約世貿，這些所謂聖戰義

士是怎樣生成的？當然是基於對美國的仇恨，但更重要是他們有一個特點，要對方受到懲罰，而自己又得到一些回報。他們說當你當了這些聖戰義士，用飛機撞倒大廈後，死後升上天國會特別快。不是指速度，而是不需經過甚麼歷練，很快就升上天國。天國有很多美女會餵你吃葡萄。因為我看過一部以色列拍的影片，針對巴勒斯坦怎樣訓練那些所謂的恐怖分子。他們很多時候都會犧牲自己，是因為宗教會提供替代品（substitution），就是我如果去做聖戰義士，死後會得到更大回報。這是信仰，給一些人殉道，或殉教的一種想法。

但另一種叫做怒目金剛，這是佛教說法。佛教說有時候，一些憤怒是出於公義，對世間的不公平要發聲。

細緻來說，公平是生物群居的一個自然習慣。你發覺不公平，長期被壓抑，又沒有剛才說的意識形態、思想觀念，灌輸你是自己的命不好。但當我們有個體獨立思想時，慢慢覺得人應該生而平等，就開始要求公義。公平是直接一點的；公義較為複雜，是政治裡的要求公義。有時不是因為公平，而是這件事應該伸張正義，甚至不關涉到自己利益，所以有些人被稱見義勇為，或者嫉惡如仇。他感覺到這件事，需要幫助一些人申訴，甚至所謂逆權律師，很多時候就是這種形態。

塞內卡首先舉例，為甚麼會對一個人做錯事而傷害到我，感到憤怒呢？一般是因為你傷害到我。但他用一個反例來說，有一

個小孩走進你家中，他將你名貴的花瓶，或古董弄壞了，我們當然會生氣、不開心。但你不會責怪他，因為他無知。所以這有一個重點，我們對小孩、動物較包容，例如狗或貓有時候把其糞便拉在鋼琴上，你可能會輕打牠，但不至於要懲罰牠，因為牠不明白，動物沒有獨立的自覺性。我們對智障者也會較寬容，因為相信他是出於無知，不知者不罪，所以無知（Ignorance）和單純（Innocent）構成了我們有時候對一些人的寬恕。但是塞內卡再分析，當一個成年人闖入你家，不由分說把你一些名貴的東西弄壞，這種情形的憤怒，你就會沒法壓制，因為他應有自由意志，應該為自己的行為負責。所以我們對於應否對別人憤怒，有一種很奇怪的雙重標準，要視乎情形也視乎個人的修養。如果對方有知識，並知情的話，例如對政治人物，我們會有一種特別的憤怒，覺得他應當罪有應得。

—— 憤怒的盲點

這種情緒的雙重標準很複雜，盲點在哪裡呢？我們受到成年人侵害時，往往不是考慮其行為是否出於無知，而是直接假定他出於惡意。這種憤怒會有盲點。

憤怒本來就是生物的本能，好像貓受到攻擊，牠首先會害怕逃跑，不過無法逃脫的時候牠會拱著身體，豎起毛來壯大自己，牠的腎上腺素一爆發，就變成憤怒，為了保衛自己。但憤怒再演

進，變成人類一種對世界的價值判斷時，就開始複雜化。有修養的人的行為比較多樣化，有時候會原諒別人，有時候會因事制宜，或儆惡除奸。但大部分人都有這個憤怒的盲點，即在現實世界中，我們高估自己受的傷，把受的傷害過度高估或放大，而忽視對方犯錯的種種原因。若能對人生多點體會，就沒那麼容易生氣、仇恨。

要去認識恰當的憤怒和不恰當的憤怒：第一層是 Cognitive（認知），即認識情緒是一種自我保衛機制；第二層要注意，這個自我保衛機制，由於我們傾向自我中心（Self-centered），受到攻擊時很容易一下子火遮眼（怒火蒙蔽理智），甚至打架或做其他報復。

在文明社會裡有法律制衡。雙方衝突時，你會忍耐，因為打架後，要去警署落案，麻煩很多。中國內地打架的例子比香港要多，可能因為打架在中國原來不是刑事案件。二人有紛爭，那誰正確？就你們兩個解決。但香港的特點就是誰動手打人，就可能犯了攻擊性罪行、刑事罪。如此可見法律有時會鼓勵我們的仇怨，甚至是特權等。

憤怒有一種魔法，就是遷怒於人。本來不關他的事，「遷」的意思是轉移了，為何會這樣？這種方式叫 Magical Transformation，這是《阿 Q 正傳》說的，他被人打的時候，他不斷喃喃自語兒子打爸爸，兒子打爸爸，世風日下——這就是移

情，是魔法般的轉移。從前那隻狐狸說怎樣跳也摘不到葡萄，於是牠內心告訴自己，葡萄是酸的。這是一種自欺現象，所謂叫阿Q精神，自我精神勝利法。阿Q這人整天被欺負，往往透過自我安慰來麻醉自己，這種就是叫做 Magical Transformation。

—— 壓抑憤怒也可以很可怕

有些人不會生氣的。沒有憤怒的群眾的例子挺有趣的，比如在北極一帶的愛斯基摩族群，這族群很少憤怒，不會生氣，習慣謙卑。有時候日本人也是這樣的，日本人平時都會很客氣，他不發脾氣或不生氣，日本人是很怕跟別人衝突的。一定是先禮讓，但如果要發脾氣，日本人是兩個極端，可以很兇狠或很殘暴。

愛斯基摩族群習慣卑下，平常沒甚麼不開心或不滿意，他們全都否認這些情緒。他們是一個沒有脾氣的民族。但學者做了一個研究，發現有趣的地方是，這裡的犯罪率很高，由 2006 年到 2008 年發生很多謀殺案，比其他加拿大近北邊的地方高出幾倍。原來我們的情緒長期壓抑，表面上謙卑，但一旦你的內心被侵害，或遭遇不公平對待，就會積怨。而積怨得久，爆發出來會比發脾氣更恐怖。

西方人很多時候會因小事而發生肢體衝突，東方人一般來說

不易打架，大多謙卑，願意忍讓。但當爆發出來時，東方民族的殺戮可以十分恐怖，像太平天國的殘暴，僅杭州一地，死亡人數達千萬。你看我們，東方民族好像謙卑有禮，彼此包容，但發覺原來完全避免衝突，或剛才說的迴避、轉移視線，反而會顯得虛偽。虛偽壓抑到最後時，反而會出現報復，甚至屠殺無辜。

——憤怒與寬容

塞內卡認為，我們應該有不同的人生境界，懂得對無知的寬恕。所以他以《聖經》為例，耶穌被釘十字架受苦時，請上帝寬恕人類，「因為他們所做的，他們不知道」。一個小孩因為頑皮，到處亂跑，竟然打破家中名貴的古玩，爸媽當然憤怒，但最終會體諒他年少無知而原諒他。我剛剛讀了張愛玲，她說你看人世間，有很多很卑鄙的人；無論多麼卑鄙，看穿了也不過是可憐人。這就是訴諸個人的修養，為甚麼會有人作奸犯科、吸毒？這不純粹是有否知識這麼簡單，而是積習難返。世上有各種困難的事，《論語》說「己所不欲，勿施於人」，勿施於人的意思就是說這種寬恕，相信我們有一種 sympathy（包容同情）或 empathy（同理心），覺得不應對他報復，因為我們都過不了自己。

所以憤怒的盲點在哪裡？人如果沒有修養，或是一個較暴躁的人，其憤怒往往是衝動的。記得我們在談情緒波動。總括來說，每個情緒基本上都是保衛機制，保衛我們求生，所以不要否

定情緒;第一你要接受情緒,任何情緒包括嫉妒都是,並且希望漸漸改善。當然變成病態是另一回事。

修養可以是道家式的,追求世界裡的無為、虛靜,那是一種放下。儒家則說「己所不欲,勿施於人」。佛教有一個很重要的修行教義叫「煩惱即菩提」,煩惱就是不好的情緒,菩提即是正覺。就是說生命得到覺悟時,當生命修養到「煩惱等同菩提」,這是一個很高的佛教境界,不僅僅是事事放下,躺平而無所關心。我覺得這挺有意思的。

塞內卡(Seneca)是古羅馬帝國時期的一位重要哲學家、政治家和作家,也是古羅馬斯多葛主義哲學派的重要代表之一。塞內卡的作品包括哲學著作、戲劇和書信集等,尤其他的哲學書信(*Epistulae Morales*)為人熟知。他的著作融合了斯多葛主義的倫理思想,強調理智、節制和生活的節制,以達到心靈的平靜和幸福。

（編按：本節陶國璋與哲學學者黃沐恩對談。）

陶：有一種情緒我們稱為仇恨，也是一種非常重要的情緒。仇恨有時很難解釋，你恨一個人可以一生一世，甚至不惜任何代價都要報復。剛才我們談及過一點生物演化，也許人類有一種很強烈的公平意識，因為群體需要大家互相幫助，一旦你被佔太多便宜，又沒有回報，就會產生所謂的不公平，甚至生出報復心去懲罰對方。

我記得小時候，看《基度山恩仇記》，講述主角被人陷害坐了多年牢獄，故事大概是說他逃獄離開那個島，然後開始報復。他用很多不同方法報復，包括改變身份等等。當時的印象是，書中主

角的報復是處心積慮，策劃多年，為了解恨，想了很多方法。雖然這較戲劇性，在現實中我也相信存在這種形態。人的報復心理是基於一種仇恨，為何人會有這麼強的仇恨呢？

── 仇恨與民族

黃：仇恨的根源可說是憤怒。古羅馬時期的塞內卡認為憤怒由兩個不同的判斷構成，第一是他人侵犯了我一些權利，對方不對，他做了些對不起我的事，侵犯了我；第二是他應該受到懲罰，這一點其實很重要。在古代的憤怒可能不是那麼壞，憤怒某程度上是對於一些不公義、不公平的事的反應。但慢慢來到近代，似乎出現了很多不同仇恨，其實仇恨某程度上也是一種憤怒。譬如我們看以巴衝突，雙方都對彼此充滿憤怒，或是中國人與日本人間的憤怒。很多不同民族都有仇敵，如德國人和奧地利人，德國人不太討厭奧地利人，但奧地利人很討厭德國人，這似乎涉及到一些超越憤怒的民族仇恨。

陶：這種所謂民族式仇恨，如果直接地說，很多時候要從一些外徵了解，譬如他的膚色、語言，或是風俗的不同。港中矛盾也包含這些，大家的認同是香港人還是中國人之類；但因為某些生活習慣不同，我認為這些外緣因素會引起一種較明確的差異感，對方和我們不同類，於是又回到剛才提及的那些意義上，人類群居需要一種安全感，故需要同類的，特別是同語言、同風俗的團

結。會否這就是仇恨的根源呢？

黃：這有一定道理，因為我們會對一些跟我們不相同的東西，多少帶有一點恐懼，或是憤怒的情緒。但我們思考仇恨時，要明白它和憤怒有一點最大不同：憤怒有一個具體的個體，我很討厭這個人；但仇恨不是，痛恨的對象是一個整體。你問他，你那麼討厭日本人，是哪一個日本人對不起你呢？他又說不出來，他只會說 in general（整體）地不喜歡日本人。而它危險的地方在於，如果因為某人得罪你，你要向他報復，或可與他討論；但你恨的是一個整體，那無論對方（個體）做了甚麼，你亦一樣憎恨這個整體。

到底為甚麼會這樣？我認為有個很值得思考的方向，就是沙特（Jean-Paul Sartre, 1905-1980）提出的存在主義，他將情緒形容為一種魔幻地改變世界的方法，能幫助我們較易面對這個世界。他的意思是指，例如像「吃不到的葡萄是酸的」這故事，簡單說就是你看見葡萄很好吃，想吃卻吃不到，那怎麼辦？你沒辦法，唯一的辦法是你說服自己，那葡萄並不好吃。其實憤怒某程度上是在提供類似的作用。憤怒就是你受了一些不公平的對待，卻沒辦法報復，那怎麼辦？於是你跟自己說，不要緊，我在道德上遠遠勝過你，我處於道德高高在上的位置，而你永遠是一個卑劣的對象。只要你能保持這種心態，內心會較好過。因為，雖然你實際上沒法做甚麼，但因為在道德層面勝過對方，心理上就比較好過。我猜這是其中一個去理解仇恨的進路。

陶：我也贊成。可能還有一種形態是在思想層面。特別以希特拉作例子，要屠殺猶太人的起始點可能是猶太人放高利貸，或是某些行為，甚至因為在第一次世界大戰後德國被懲罰，於是遷怒於猶太人。但這慢慢變成一套理論，例如希特拉的優秀人種論，日耳曼民族是一個更優秀的民族，甚至再轉化成馬克思的階級鬥爭。雖然形態有點不同，馬克思稱之為意識形態，但正是這套觀念，將這個世界區分成正邪，或是哪些優秀，哪些卑劣，於是又引起剛提到的，一種對對方的貶斥與壓低。於是當希特拉屠殺猶太人時，他覺得這些是人類渣滓，在宣傳上把他們和老鼠、智障者拍攝在一起，令你覺得他們真的值得去除。所以當仇恨結合了思想和意識形態時，是很恐怖的。

—— 憎恨是太過輕易的解決方法

黃：是，有時很恐怖。但我們又反過來想，它是輕易的。試想一下，人與人之間有很多問題，例如以巴衝突涉及的問題很複雜，但一個很簡單的處理方法就是憎恨。我憎恨你，那問題就不用處理，我何須跟你談判？總言之所有以色列人，或反過來所有巴勒斯坦人都不是好人，我看見你就炸死你，不就可以了？這其實是一種拒絕自己思考，而去接受他人的一套思考，譬如我接受了希特拉的思考方式，我就不用自己思考，用這個很簡單的方式讓自己好過，這就是一種處理問題的方法。

所以我覺得仇恨的危險性在於它使人不去思考，而去接受他人的

一套思考。而最可悲的是，它沒有一個明顯的對象，如果我們來看看這些仇恨，譬如中日戰爭，若你受過日本人的虐待，於是你憎恨日本人，那我相對容易理解。但今天一些十多歲的青年，他跟日本人有甚麼接觸？最多就是接觸過日本漫畫，他有甚麼仇恨？但他激動時，比那些真的接觸過日本人的人還要激動。能迫使他反應這麼厲害，是因為他接受了一套意識形態，他不去思考到底歷史怎樣發展。不用想了，總之有人跟我說是這樣，那我就照樣做，我覺得這是仇恨最危險的地方。

陶：現在香港的年輕人很少仇日，而是仇共或是仇視國內的人，這是因為他比較接近，能感受到對方帶來的問題。但還有一件事，我一直都在思考，就是恐怖主義的問題。這很明顯是假宗教之名，指責對方是魔鬼，那時候小布殊（George Walker Bush）說我們要重新開始十字軍東征，這類模式似是正邪不兩立。當然他也有一套思想，但更重要的是，其背後還有更多神聖理由，能為其殺戮賦予一種使命感，甚至賦予一種所謂的，如伊斯蘭教所說的聖戰性質。

黃：確實，要去操縱這些意識形態，最方便或最有效的方式莫過於政治上的操控。我們能夠想像，不論美國或中國也好，他們是否真的相信日本人是那麼邪惡，伊朗人是那麼邪惡？答案可能未必，這只是幫助他去完成一個帶政治目的的理由，然後人民就傻乎乎地說，你說的便是，我們就跟你一起振臂疾呼。所以我從來都不相信政治家會那麼單純地去憎恨或不憎恨一個人，他們不過

是用這種事去操縱人民情緒，而人民的情緒中，仇恨就是其中一種最容易被操縱的情緒。這沒甚麼難度，只不過是用一種催眠或洗腦的形式，所以我們自己要更加小心。

美國哲學家 Martha Nussbaum（瑪莎・納思邦）的《憤怒與寬恕：重思正義與法律背後的情感價值》（*Anger And Forgiveness: Resentment, Generosity, Justice*），探討憤怒作為一種政治情緒的危險性，並認為它特別容易被一些獨裁者利用，以達到一些政治目的。

陶：這令我想起，之前有一位美國詩人 Ambrose Bierce（安布羅斯・比爾斯），也寫過一首類似的詩句，在納粹和法西斯主義興起時。他提到民族主義，應該這麼說，民族主義可分為廣義民族主義和狹義民族主義：廣義的，你們愛自己的家庭，愛自己的民族，可能有一種群體的淵源；但狹義民族主義往往強調對方和自己不同，並且有一種仇怨。他的詩我只記得大概意思，大概是說，民族主義就像一堆在垃圾堆中的廢紙，你只要劃一根火柴扔下去，它就會如熊熊烈火燃燒起來。

這個形象比喻得很不錯，只要政治人物甚至是宗教人物，能夠把握煽動群眾的情緒，它慢慢就會燃燒，越來越強。

黃：而且很容易，人們很願意去接受這種情緒，因為它能方便地解釋不同的問題。

陶：甚至它是在觸動我們的激情和熱血。戰爭時當然會有死傷，

但我總認為人類的思維總是偏向自己的。例如巴勒斯坦和以色列的衝突各有死傷，但我見過一些巴勒斯坦青年，抬著棺材時，總覺得是以色列人殺害了他們的人民；而以色列一方也宣傳，是對方轟炸了我們的巴士。這當然也是當下的感觸，但更重要的是我們有一種，我剛才提到的，個人的自我偏向。民族之間，特別是彼此間有一種差異，包括利益衝突，以及膚色和語言也不同時，往往會燃燒成一種仇恨。

黃：所以我覺得這種仇恨，我會形容它是一種便宜的情緒。它太容易了，像一隻狗在一個地方撒一泡尿劃下地盤，有人走過來牠便吠兩聲，本質上是沒有分別的。真正困難的是去寬恕，接受彼此不同，然後想辦法去處理，而不是說因為有分別，所以我和你勢不兩立——這沒有甚麼特別，誰也做得到。

—— 寬恕是人類的自我調節

陶：所以嫉妒和仇恨這些情緒，一方面它有一個生物學的起始點；但另一方面，人類走向文明時，其實人類是漸漸長出了一種人道精神。人道精神的特點是希望互相肯定、互相平等、互相尊重。過程中，很可能是針對人類長時間發展出來的衝突，是一種人類思想裡的自我調節。所以寬恕不是一種美德這麼簡單，可能正是對仇恨本身令人意識到的歷史教訓，或那些巨大的災禍。
但有時候，如黑格爾所說，人類歷史的最大悲劇就是不斷遺忘歷

史，所以我們的仇恨不斷燃點在民族與民族之間，甚至國與國之間，甚至地區之間的問題。所以對於這類問題，我們需要有一種更高的，我想是悲懷也好，或是更高的人道精神才能處理。

瑪莎·納思邦（中國譯瑪莎·努斯鮑姆）（Martha Nussbaum）是當代著名的美國哲學家，生於 1947 年，曾在哈佛大學任教，現為芝加哥大學的法學和倫理學教授。她廣泛涉獵倫理學、政治哲學、法律哲學等領域，《憤怒與寬恕：重思正義與法律背後的情感價值》（*Anger and Forgiveness: Resentment, Generosity, Justice*）是 Nussbaum 於 2016 年出版的重要著作之一。在這本書中，她探討了憤怒作為一種政治情緒的危險性，並指出憤怒容易被某些獨裁者利用，用以控制民眾或達成特定政治目標。Nussbaum 主張，憤怒往往源於對不公正和傷害的感受，但其負面影響可能導致復仇、憎恨和破壞社會和諧。

同時，Nussbaum 認為寬恕是一種能夠促進個人和社會和解的情感，有助於建立包容和理解的氛圍。她進一步強調，正義和寬恕之間並非對立，而應該透過理智和道德的方式來平衡兩者，以實現更具價值和積極影響的社會和政治結構。

Ambrose Bierce（安布羅斯·比爾斯），美國記者、短篇小說、傳說與諷刺小說作家。他說過：「愛國主義是一堆易燃的垃圾，任何想照亮自己名字的人只要朝它丟根火柴就可以了。」（Patriotism, n. Combustible rubbish ready to the torch of any one ambitious to illuminate his name.）源自其著作《惡魔辭典》（*The Devil's Dictionary*, 1911）。

陶：恐懼源於想像力，雖然其基礎為本能。它驅使我們逃離可能
危害生命的事物。然而，人類複雜的思考和豐富的想像力往往會
放大恐懼，解鈴還需繫鈴人，通過認識和理解恐懼的本質，我們
可學習如何將其程度減至最低。

我們天生會害怕那些可能傷害自己的事物，如之前討論噁心感時
提到，我們對醜陋和惡臭的東西感到害怕，因為它們有害健康，
其厭棄進展至害怕，更可能演變成潔癖，如不願碰觸，常要洗手
等。而對於恐懼，作為人類深層的危機感，內心的恐懼不限於對
身體傷害的恐懼，也包括對死亡和未知環境的恐懼，如大學即將
畢業，對進入社會和陌生環境的恐懼。

還有一種恐懼，有心理學家指出，女性可能因生理和進化因素，
在第一次失貞時心裡會有某種忐忑的恐懼。此外，進入陌生環
境，比如獨自當背包客去旅行，起初不習慣，也會引起不適應的

恐懼，所以恐懼是有很多種的，但是我們該如何面對恐懼，恐懼的本源又是甚麼？

—— 你的恐懼有具體對象嗎？你恐懼甚麼？

黃：恐懼是科學家和心理學家嘗試研究情緒的起點。因為它普遍存在於各種生物中。相比噁心或其他情緒，恐懼具有更本源的性質，試想像任何一種生物如果沒有恐懼這種情緒，牠極有可能已被環境淘汰，因為生物既是獵食者也是被獵食者，不懂得害怕的物種很大機會會被獵食掉。科學家研究恐懼時，發現大腦內的杏仁體是大腦中處理恐懼的部位，若杏仁體受損，生物可能不再感到恐懼，而杏仁體處於大腦最內部的位置，而且大部分的生物都有類似的腦部結構。到底魚有否情緒？蜥蜴有否情緒？其他不敢說，但牠們絕對有恐懼的情緒，因為其腦部結構部分與人類一樣。有些人把腦部的這部分叫作 Reptile Brain，Reptile 即爬蟲，指那是爬蟲也擁有的一種腦，所以它在生物演化中是非常根源的東西。但就像剛才陶先生所說，隨著文化和人類的反思能力的發展，恐懼這根源性的情緒會演化出多種不同形式。

陶：我認為可以這樣分辨，存在主義者齊克果（S. Kierkegger, 1813-1855，丹麥哲學家）說，我們的害怕，英文叫作 fear、afraid of，是有對象的，但有些恐懼是人類特有的，我們稱作 Dread，有時譯作怖慄，是一種無具體對象的恐懼。我想額外加

上一個層級，恐懼症（Phobia）。我發現恐懼有一種層級上的升晉。Fear 較易理解，是直接威脅生存，這是最基本的求生機制，缺乏這種機制可能導致對危險的無感，不怕動物。有些人好勇鬥狠，據我朋友說，黑社會中有些專職打手特別大膽，易於煽動，這類人往往最易在衝突中犧牲，容易在打鬥中傷亡。回到恐懼，fear 的對象是能指出的。我曾問過學生有甚麼恐懼，有人說很怕走在沙上，踩在沙灘時整個身體都會癱軟；有同學說很怕走樓梯，怕踏到高處時似會掉下來，有些怕狗、怕蟑螂，這都是有對象的。心理學家認為，這些恐懼可能源自童年的陰影，例如小時候被狗吠或追逐的經歷，可能導致對狗的形象和聲音產生持久的恐懼。這種恐懼被視為「timeless」，可能一生都會受其影響。

黃：Phobia 是一個很有趣的現象，有些恐懼症我們比較能理解，例如密室恐懼，困在一個狹窄的空間裡面。舉例說某些富豪子女曾被綁架後，便不敢乘坐電梯，可以理解。有時上課我也會用照片嚇嚇學生，像一些密集恐懼症的照片是非常叫人恐懼的，即是一些圓孔，顆粒狀並置的照片，如果覺得很難想像的人可以Google 一下。其實我說到密集恐懼症這五個字時，也已經雞皮疙瘩。因為我會有很多想像，想像到一堆像是細菌、蟲卵的東西密布一起。這其實也可以理解，因為我們的祖先害怕傷口被蟲卵侵佔，所以會感到恐懼、噁心。但有很多 phobia 真的很莫名奇妙，如果你去查 phobia 的清單，有一個情況是害怕「7」這個數字，我真的不知道為甚麼。但即使有這麼多奇怪的 phobia，它至少也是有對象的，而這對象可能跟個人經歷等有關。

── 克服恐懼的療法

陶：有一部 Discovery Channel 的影片，說一名女士很怕羽毛，白鴿的羽毛、雀鳥的羽毛，甚麼羽毛都害怕。後來研究者分析，替她做一些心理治療，發現原來在她一兩歲時，當她去探望外婆，打開門進房間的瞬間，一隻白鴿飛出來，揚起一條羽毛落下。但她後來忘記了，也壓抑了當時被嚇到的記憶，但看到羽毛就會聯繫到。到後期才用一種 expressive therapy（表達性治療），慢慢讓她遠遠看一些像羽毛的東西，減少恐懼，終於被治好。

黃：其實這例子也帶出一點，人類的記憶可分為幾種，當中情緒記憶和一般記憶，兩者有所不同。我們常常忘記某些感覺的來源，可能會沒來由地特別厭惡或害怕某些事物，實際上已忘記了這些反應背後的具體原因，也可能是當初曾被威脅。情緒記憶比一般的記憶牢固得多，有時你對某些事物感到莫名恐懼，而你的身體在看到這些事物便全身無力。這種記憶使得要克服恐懼並不容易。

陶：我在課上請過同學分享特別奇怪的恐懼，有兩個我到現在仍印象深刻。一個是害怕熱帶魚，在旺角的金魚街看到也會害怕，很難想像，一尾熱帶魚又不能走出魚缸；另一個較奇葩，是對一大束香蕉的恐懼，對兩三隻香蕉則無感，只會害怕一束香蕉。我們只能想像可能背後有些經歷，但難以理解其因果關係。

恐懼從 fear 轉化成 phobia，這種轉變在人類中非常明顯，動物界

也有例子。有些狗會害怕高處，但治療牠也相對簡單，只需給予動物一點鼓勵，逐漸就可克服。可能人類思想複雜，恐懼往往形成一套觀念，使恐懼對象轉化成了某種 icon（象徵）或形象，導致恐懼感逐漸增強。

黃：有關克服恐懼的困難，對此我深有同感。我兒子兩歲多，小時候不怕游泳，偶爾害怕，我便叫他從滑梯落到水裡，他也會聽從。但隨著他年齡增長，我發現說服他克服恐懼變得更困難，他總不肯游泳。我以為長大後就不會這樣，但他卻變得更會提出各種理由拒絕，譬如覺得水太深或不想玩耍。似乎人類的理性有時可能成為克服恐懼的障礙，而非助力。所以陶先生剛才提出的觀點也很有趣，甚至動物相對於人類，更能教育牠克服恐懼，人越長大更難教他克服。

—— 害怕與怖慄 Fear and Dread

陶：對，受觀念和執著等事情所影響。還有一種比較哲學的說法，我們稱為怖慄（Dread）。

怖慄是 Kierkegaard 的論述，是一種沒有對象的恐懼。即使某些事物並非直接威脅我們的生存，也不具有恐怖形象或令人噁心，但我們仍會恐懼。依他的分析，這種恐懼可能是一種人類對死亡的特有投映。有些比較表層，是我們對臨終時痛苦掙扎的恐懼。這恐懼來自我們看過的電影或目睹他人及動物的死亡，加上疾病

和疼痛的經歷，讓我們放大這種恐懼，擔心死亡時的痛苦會否更劇烈，因而氣促、喘不過氣。也有一種恐懼與死亡有關係，是我們害怕失去一種關係，失去親人或朋友。

值得注意的是，人害怕自我消失，自我消失的統一性是對死亡的投映。只有人類能夠思考虛無感，虛無感聽起來好像黑漆漆一團，如要細緻分析，它是一種好像失卻差異的狀況。我有個朋友在加拿大生活，在冬天開車時，四周都被雪覆蓋，只能依賴車頭燈照亮前方一小段路。周圍一片白茫茫，失去任何差別，他突然間感到害怕。我們在香港沒有這些經驗。對於黑暗，除了我們想像中的鬼靈外，黑暗其實是失卻分別和差別。有種解釋就是，你失去自己的座標，無法了解自身位置。

這裡作一個簡單類比，很多時候，當你獨自旅行或出差，住在一間陌生的酒店，夜晚的恐懼感往往比在家裡強。平時在家，你不用開燈睡覺，但獨自在酒店時，你可能會留一點燈光。這種行為反映了當我們入睡時，潛意識令你感覺自己處於失去座標的處境，從而產生恐懼。

黃：這真的蠻有趣。或許我們能把議題拓展，關於死亡的恐懼確實有很多呈現模式。在沙特的存在主義論述中，有一個例子，這可能是對死亡論述的進一步推進。當我們站在懸崖往下望時，會感到恐懼。我們不是怕掉下去，甚至不是怕死，你知道自己不會真的掉下去。真正令你恐懼的是，我們能選擇跳下去這件事本身。

即便知道有圍欄保護，也沒有強風，但人有甚麼辦法可阻止自己

決心跳下去？這個可能性永遠存在。沙特稱之為 Angst，有些譯作「怖慄」。人類對存在所感受到更大的怖慄，來自存在本身自由的狀態。當意識到自己可隨時選擇死亡，或繼續活著去做任何事，原來一切事情也必須由自己選擇，不能不去選擇，這種絕對自由帶來的絕對責任，因為所有事情都是由你選擇，所以你做的任何事情也由你負責。你不能說我也不想這樣，不能，因為這是你選擇的；並因此產生這種恐懼。

這種恐懼，或稱作怖慄，人類無法忍受，經常想找出一些東西說服自己，不是的，我不是絕對自由，是有些東西在操控我，例如神、命運或自然定律。沙特稱這些為壞信仰，而其中一種壞信仰就是情緒，他認為不同種類的情緒都是由人創造出來的，用以解釋自己的行為，比如生氣時控制不住自己而打人；我沒想逃跑，是害怕令我逃避等。依沙特的看法，情緒是人類用作緩和劇烈的存在怖慄所創造的產物。

── 親情牽掛是最好的療癒

陶：這一點分析得非常好，當然哲學家分析事情不是那麼實在，但所謂的 nothingness（虛無），本身不是一個對象、一件事物，但卻顯露出，一種絕對自由。當然這自由不是指政治上的，而是人有能對事情說「不」的自由意志。沙特也說過，在集中營裡有很多猶太人走上電網自殺，甚至被人剃光毛髮時，明知會被開槍打死也要抵抗。當然不是很多人都這樣，但有些人仍然選擇堅

持，連死亡都沒法阻擋。

剛才提到的絕對自由的微妙之處是，我具體解釋，我有一位朋友曾經想過自殺，他說過一個很深刻的例子。大家知道，高樓自殺是一種方式，代表其決心自殺，代表他沒有在過程中因害怕而打消念頭。我那位朋友不是站在高樓，有一次他心灰意冷，站在大概是中環的馬路邊，車輛就在前方掠過，一個念頭突然出現，他想衝出去，因為他那時患上抑鬱，所以想了結生命；在這一念之間，出現一個恐怖處境，他真的可以踏出去——但他問自己，是甚麼令他沒踏出去，就如剛才你所說，他突然想起父母，想到自己還有親人，就沒有自殺。

所以很多自殺者的回念，是他突然牽掛到某些東西，生存還有一種 meaning（意義），或還有一種情感。所以我們剛才以一種實在的方式來解釋，我們的情緒發動，往往令我們逃避那種絕對自由，當然這種絕對自由也是絕對的一種恐懼。但同時人類，以沙特或海德格的論述，一個很勇敢的人才能面對這種絕對自由，是一個大勇的人才能夠面對。他不是面對一般的死亡，而是面對這種存在本身的怖慄。

希望大家透過了解這些理論，能對恐懼有更深的認識。在認識過程中，我們自己嘗試尋找出路。像在疫情中，我們實事求是去了解現在疫情進展，甚至最重要的，是去接受這疫情不如想像中很快可解決，而在接受過程中，令自己能逐漸做好預備。這是對恐懼的處理方法。希望大家都能免於恐懼的恐懼。

齊克果（Søren Aabye Kierkegaard, 1813 -1855），丹麥神學家、哲學家、詩人、作家，作品亦包括社會批評及宗教寫作，作品中有不少以假名發表；充滿了哲學性與文學性的金句。與當時流行的唯心主義不同，他的哲學作品主要關注人如何成為「單一的個體」，注重人類現實而非抽象思考，並強調個人選擇和實踐的重要性。一般認為他是存在主義的先驅。本書中將多處提及齊克果：他關於恐懼的論述可見於《恐懼與顫慄》（*Fear And Trembling*，以假名「靜默者約翰尼斯」〔Johannes de Silentio〕發表）；關於焦慮的論述包括《論焦慮》（*The Concept of Anxiety*）；關於怖慄與絕望的思考可見於 *The Sickness Unto Death*（臺譯《致死之病》，中國譯《致死的疾病》）；其餘重要作品包括《齊克果日記》、《非此即彼》（*Either/or*）。

讓‧保羅‧沙特（Jean Paul Sartre）所提出的 Angst 觀念有時譯為焦慮，有時譯為怖慄；見於《存在與虛無》（*Being and Nothingness*）一書。Angst 是沙特存在主義哲學的一個關鍵觀念，指的是當個人面對人類存在的根本荒謬和偶然性時，產生的深層次焦慮（又稱存在的焦慮，Existential Anxiety）、恐懼感和虛無感。但這種深層次焦慮，沙特並不認為是全然負面的，它是人生體驗中珍貴而有價值的一部分，可以作為存在的警醒，迫主體面對生命的荒謬、擔起尋找人生意義的責任。

　　短壽的丹麥哲學家齊克果認為人的恐懼有兩類。第一類是在說 Fear，另一類是 Dread。Fear 這概念就是生物求生的恐懼。Fear 是有對象的，Afraid of 指怕某些東西。而對人類來說有一種恐懼叫做 Dread，可以翻譯成怖慄。Dread 比較哲學性，總括來說是對虛無的恐懼。

──面對死亡而產生怖慄感

　　無論害怕或者怖慄都是與死亡有關係。我們怕痛這種不適的感覺，最深層是痛的感覺最後連結到死亡。死亡之所以令人不悅，是因為它帶來很多不同的恐懼。第一種是失去了我們的擁有

物，死亡好像令一切東西再不屬於你；財物資源其實是一種安全感的投射，一旦失去擁有物，就好像我們的存在失去了優勢。第二種是失去親人朋友，這是一種孤獨感，人是群居的動物，死亡有獨自上路的感覺。其他如對痛苦的恐懼、害怕醜陋的形象，甚或有些人會很怕被遺忘，就像自己消失了一般。最後一種就是失去自我控制的能力，老人家行動不便甚至失禁，要用成人紙尿片，這樣令你感到很尷尬。 這些都是有對象的恐懼。

沒有對象的恐懼，怖慄的恐懼感就比較複雜。死亡的孤獨感其實是沒有對象的，它一方面令到我們被 single out（圈出來），平常我們可以找人打發時間，可以上網，沒有人陪伴我們也沒關係，可以自己找其他娛樂，但是死亡好像真的是自己一個人在病床上奄奄一息，一步一步走向這不歸路。細想這種孤獨感，其實比想像中更難受，因為我們知道死亡永遠是自己承擔的命運，所謂 die for yourself，永遠無法讓他人越庖代俎。

孤獨感其實是人生的底子。平時我們不會感覺到自己孤獨，但總有一些情況，比如感情問題，其實沒辦法向別人訴說。托爾斯泰說過：「最孤獨的地方就是一個人，與最親近的人結婚，卻發覺床第之間並不協調。」此事不足為外人道。究竟你為何不能夠相處，為何你後悔，為何你覺得生命裡有種很難打發的寂寞？而死亡的孤獨感就來自比較深層的一種 Dread。

── 虛無的深淵與自我意識之消失

　　第一種怖慄是無知感。死亡的無知感來自於其不知何所往，有人會說我們死後上天國或者是下了地府都好，都有個地方可去，但如果我們比較理性的話就會想，其實死後可能沒有任何世界存在的，甚至我們更理性，嘗試以科學的態度看世界的事，我們會感覺到死後你就是被遺忘了，一無所有，但是你又覺得，生命為何會是這樣呢？這就是一種虛無。哲學家將這種虛無描述為「深淵」。

　　另一種怖慄是失去自我的統一性。這是由 Elisabeth Kubler Ross 這位心理學家提出的。我們理性越強的人，面對死亡就越感到失去自我統一性。自我本來是一個中心（ego），我覺得我就是我。很多人說我們不要受別人的目光影響，我要做回自己，但想清楚我自己到底是甚麼，這個問題其實還沒有答案的。

　　我是甚麼呢？我是否就是我的大腦呢？是指我的手腳嗎？是否我的容顏呢？我們一般人都很重視自己的樣子，或者是我們的身份，所以自我仍然是以外表，或是社會身份（social identity）來肯定自我，但死亡會令到你很明顯不再是這個樣子了。死亡消失了你的面容，甚至變得好醜陋。另一方面死亡令到你不再被人記憶，你好像失去了統一性的自我，「我」去了哪裡呢？失去自我統一性那一點就引申出最後一個稱作對「無」的恐懼。甚麼是對「無」的恐懼呢？這很難說清楚。這其實是自我意

識消失。

如果你是有虔誠宗教信仰的，死後你會見到神，去了天國，也就是你還是存在的，只是變化（transform）了。但是有科學頭腦的人，認為人死了就一無所有，但是最理性的人面臨自己的死亡，總有說不清楚的恐懼。

沙特說意識其實是一種虛無，它空無內容，必須有對立的外在的東西，即是透過主客對立，才能顯示意識的存在。其實死亡是個自我意識的內在關係，內在關係的意思就是說，人的關係有很多層，有一種就是我和他人的關係，和父母、朋友、同學，和上司下屬等等，這些是我和他人的關係；但是死亡的到來，恰恰拆散所有與他人的關係，於是自我便變回了一種純意識，也就是說回歸於虛無。表面上純意識就是一無所有，沒有甚麼可以害怕，不過我們即使在死亡彌留的時候，意識對親人或外在世界仍有所覺知，「我」被想像將會逐漸失去，而形成一種怖慄。所以這個時候將近離世的人往往需要宗教的支持。

—— 以自覺其自覺來尋找主體我

關於自我意識這部分，我喜歡引用唐君毅先生說的：人是能夠自覺其自己的存在。這是代表人的自覺意識的一個特質，為何叫做自覺其自覺，就是自覺到我們是有自覺能力，知道自己在思

考，知道自己是存在的。

這個問題好像很簡單，但對哲學家來說，這是很重要的一個哲學問題，亦是一個很重要的，邁向了解死亡的一個理性的問題。

一個德國哲學家謝林（Friedrich Schelling），他有個理論叫主體我（I-subject）、客體我（I-object）。這個理論有點抽象，有一位朋友對我說，他聽很多次都不太明白。其實我覺得有一般抽象能力的人，應該會聽明白的。

我們在照鏡的時候，鏡中的影像是我，亦同時不是我，鏡中的影像是我的倒影，當然是我，但是鏡中的影像只不過是我的倒影，這個倒影並不是實在的我。真實的我是 I-subject，將影像的我視為 I-object，「我」作為 subject 亦作為 object 的雙重身份。這種雙重身份可以幫我們了解自我意識，原來自我意識永遠是一種向外投射的活動，當他自己專注於自己的時候，其實是一個空洞的循環。不過，人的思維能力已經能夠到達自覺其自覺的階段，我們就意識到這個 I-subject。話說回來，一個沒有反射性的 I-object，是不能對照出這個 I-subject 的存在。所以死亡既然是外在的世界（對照體）的消失，則 I-subject 也跟著消失，自我統一性就消失。

我在 1992 年寫的《哲學的陌生感》，書裡有個章節是分析

死亡的恐懼感。其實我覺得這本書是很個人的，個人對死亡的那種思考或者反省，因為寫的時候是我身體最差的時候。我後來在 1994 年做了腎臟移植，倖存到現在。當時還未換腎，還在做血液透析，我在醫院透析了五年，不斷思考死亡問題，這些都不算是甚麼隱私。

說到死亡我也有些自己的經歷。在九龍塘的地鐵站，當我血色素只有 5.6 的時候，從地鐵站走上路面去乘巴士，結果走了大約 10 分鐘，大概走三四級樓梯就已經氣喘。血液透析一次是六小時。最初五小時，我已覺得很漫長，後來因血中的毒素仍然太高改為六小時，要六小時沒有東西做，坐在沙發上，一隻手放在扶手上是可以活動的，可以看雜誌等等。其中病友當時就有《壹週刊》、《東周刊》等等互相傳閱，把書不斷翻，一翻就翻了大概三四小時，然後就慢慢吃飯。

透析了大概一個月之後，我覺得很荒廢時間啊。透析時睡了半小時，中間又會再多睡一點，感覺很浪費時間，於是就開始寫《哲學的陌生感》。這本書寫的時候是沒有任何參考書，就自己在寫，後來當然要加一點參考書。

另一本書叫做《思考的盲點》。血液透析竟然進行了五年，寫了兩本書，這就是我自己思考死亡時的背景。

德國哲學家謝林（Friedrich Wilhelm Joseph von Schelling, 1775-1854），在哲學史上被歸類為德國唯心主義發展中期的主要人物，介乎費希特和黑格爾之間。主體我（I-subject）和客體我（I-object）的概念，見於謝林在 1800 年的著作 *System of Transcendental Idealism*。主體我指的是主體在意識中體驗自我意識和主觀性，而客體我則指外在客觀存在與客觀世界的認識。謝林認為兩者之間相互關聯且不可分割，兩者之間的互動塑造了我們對世界的理解與對自我的認知。

每個人都有嫉妒心，但英文中 envy 和 jealousy 不同。envy 是嫉妒別人的才能，即是他跑得比我快，我要絆倒他。envy 是嫉妒別人比我優勝，它建基於一個對比。以前中學我曾考第三名，就很嫉妒第一名。但我的鄰座同學，全班四十五人，他考第四十四名，從未嫉妒頭三名，他嫉妒的是第三十幾名，因為他考不到三十幾名。嫉妒是一種對比，你會不會嫉妒李嘉誠嫉妒到眼紅耳赤？不會，因為他太富有，無法嫉妒。但假如你的同學擁有一輛價值二千多元，甚至一萬元的單車，你自己那輛僅價值幾百元，你就會有些嫉妒。嫉妒要在合理範圍中對比，受他人目光影響。

—— 因為嫉妒而不幸福

這種嫉妒，叫才能上的嫉妒（professional jealousy），是不

幸福的重要原因。即外表、資源、階級，基於自我延續的競爭。這種嫉妒，是因為我們是群體，群體的特點就是互相保護和互相競爭，是二元性，你獲得資源，別人就沒有。經濟學常說成本效益。經濟學指出一個人的抉擇上，你選擇 A，就未必可選擇 B。所以，選擇時一定要計算效益，最大的效益（maximum utility）。

在求生競爭中有所謂競爭優勢，如外表。為甚麼我會嫉妒別人的外表呢？人家長得漂亮，帥氣，可能就會引起你的嫉妒。有次朋友聚會見到兩個女性（我不認識她們），其中一個是女明星，另一個不是明星，但向來以美女聞名。一起外出時，起初不太明顯，但慢慢發現，她們會有眼神的戰鬥，很嚇人。男性會否比較誰更帥氣？我不知道，這些經驗我不是很豐富。但我的意思是，由於外表優勢差異，你會嫉妒別人。為甚麼媽媽生你這麼漂亮，這麼高大，讓你不勞而獲？又或資源比較，人家開法拉利，你開日本車。很多人希望逐級升遷，求生優勢中，特別是當一個人的成就感很強，這就叫專業性，或是一種才能上、位置上的對比。這不複雜，應該可以理解。

理由是甚麼呢？這也是生物演化。小狗的嫉妒就很明顯，特別是幾隻小狗兒為了爭寵會打架。嬰兒時期，人會有「爭取注意」（attention seeking）的趨勢。很多自戀的人，時時都很想人家知道自己。例如班上有些同學甚麼都發問，他們有時是為了表現自己。有些人爭取注意，多是穿漂亮衣服，把髮型弄得很特

別，這些是追求一種身份認同。通常以前一個家庭的小孩子不只一兩個，從前平均都是七八個孩子。那年長的孩子怎樣爭取注意呢？就要乖巧，像哥哥姊姊常畫聖誕卡給家人。當然他們可能真的愛父母，但有時因為這樣，父母會說他們乖巧聽話。通常也會照顧弟妹，表現其領導能力。所以在家裡的兄姊往往比較獨立，還有一種犧牲精神。因為他們要得到父母認同。越年幼的孩子則會越驕縱，會大哭。當大家搶東西，搶不過哥哥姊姊時，就只能哭，哭完就黏著媽媽，不讓媽媽抱其他兄弟姊妹。這類都是屬於為了求生，自然產生嫉妒。

——嫉妒與公平

第二，因為這種原始博弈，人在群體中需要一種公平意識。公平（fairness）和公義不同，Justice 是公義，政治公義是後天文化的發展。我覺得社會應有公義，不應有特權。我認為這是先天的公平意識（fairness）的引申發展，現代社會衍生出人道精神、法律平等之類的觀念。

公平則是生物群居時發展出來的本能。經過後天的發展，在群居裡厚此薄彼，人直覺到不公平。譬如兄弟姊妹間就很明顯，富有的爸爸快死了要分家產，越有錢的家族越多爭拗。傳統重男輕女，大哥或男性親屬認為男性應該多分一些；但大姊又會說她照顧家庭最多；又有人負責打理公司有功勞。一律平等又不

行，父母通常對較弱勢的，例如弟弟還沒工作，多分一些給他，給他一個物業；但其他兄姊都會不高興。

人對自己父母的愛是最原始公平，所以做父母第一個原則，一定要公平。假如你有兩、三個子女，現在你們家庭的孩子較少。若是五、六個就很嚴重，通常一定有一、兩個覺得被忽略，因為父母要上班或別的原因，有時不能做到很公平。始終人是有所偏愛，例如較聰明，讀書較棒的像我這樣，我媽媽較疼愛我，就沒那麼疼大哥。這類事情有時是因為父母的某種條件。

另一方面，最原初的所謂求生本能，叫做 tit for tat，意思就是以眼還眼，以牙還牙。公平意識是基於我們需要報復。如果群體不公平，而你不報復，你在群體裡會被欺負得越來越嚴重，最後無法生存。所以博弈論指這是一種生物性的競爭，人都要求生，而求生引申出本能，當我們面對不公平，就會產生一種很大的意氣感，覺得不忿。因此有時一些社會政策，如一般公共政策，例如有時會減免公屋屋邨的房租或電費。如果只減免公共房屋，不減免私人房屋，那就覺得很不公平。其實這是一種嫉妒。

公平和嫉妒本來是情緒，當它變成我們嫉妒他人的才能，就會變成很陰險的東西，這些副作用可以很大，成為人一生不幸福的主要原因。只要你有其中一項，例如你很衝動，很容易和人打架，你大概一生都很不幸福。另一點則是你很善妒，包括感情的

善妒，對他人的才能等，這個人又會很不幸福。只要有一個很深的缺點，你一生就逃離不了循環的惡運。

──為何成名者會嫉妒後進？

為何成名的人爭奪出類拔萃比普通人更熱切呢？例如一位成名已久，廣受愛戴的網球手，與一個年輕的網球球員對賽，自己明明是高手，可以贏了這個年輕球員，但觀眾鋤強扶弱，為那年輕球員鼓掌，成名者心裡特別不是味兒，雖然勝出了比賽，但反會產生一種嫉妒感。年輕人未必嫉妒成名者，但相反成名者會嫉妒年輕人，假如你是一個明星或歌星，突然有一個新冒起的新星，你們同唱一首歌，他的版本竟然較多人聽，那你就會產生嫉妒。

成名者會有個偏見，那些觀眾為何這麼無情，以前這麼擁戴我，現在只關注那個年輕球員。他忘了這是鋤強扶弱心理，當然也有死忠粉絲，永遠都為你鼓掌。他因而認為自己失去觀眾關注，結果他把嫉妒移情到對手上，他不喜歡這個年輕球員，甚至打球時特別狠。這其實是因為一種慾望，就是剛才說的 attention seeking，需要人關注，以得到一種安全保護感。

當你成名，擁有權力或位置時，對這種關注的追求就更加強烈。假設陶國璋當了北韓首領，今天決定發射核彈。《紐約

時報》報導：「今天陶國璋發射核彈一枚。」你一看，總之陶國璋的名字刊在頭版，你就開心了，不管甚麼原因。想出名的人，我把你的名字讀出來，你在班上都會覺得輕飄飄的。人其實很幼稚。不要以為政治人物有甚麼特別，有時候他們一旦有這種 attention seeking 而無法達成，就會很落寞。因為他們希望自己是世界中心。嫉妒，表面是勇敢、堅毅，引起強者一生追求名、權力、勢位。

Attention Seeking 是指以可能引起注意的方式行事，心理學上的定義是「旨在引起注意並使自己成為他人關注和欽佩的焦點的行為」。人們會以積極和消極的方式來尋求他人關注，而與健康的實際益處或危害無關。尋求關注通常是由於對自我的概念受威脅和需要被社會接受而引起的。

在某些情況下，享受他人的關注是被普遍接受的，例如表演（搶風頭）或行銷。不過需要注意，若過度，可能導致人際關係困難，也常是潛在人格障礙的症狀，包括自戀型人格障礙、表演型人格障礙、邊緣型人格障礙，有時是反社會人格障礙。

8 —— 情愛嫉妒

　　根據演化生物學，除了才能嫉妒外，另一種嫉妒關於延續，一是自我延續，一是透過愛情延續下一代，兩種不同的延續。因為經過性活動，你會誕生下一代，所以那屬於基因上，要延續下一代。因此愛情的嫉妒和基因是密切有關的；而求生優勢則與和人群居的後天結構有關。當然大家未必完全同意演化生物學的看法，但姑且聽聽。

—— 男女嫉妒有無不同？

　　演化生物學看情人的嫉妒，認為男性和女性的嫉妒又有少許不同。女性的嫉妒較簡單而言，是想成為對方的最後一個，這說法未必準確，因為也有嫉妒他曾跟其他女性戀愛。但女性會較接受自己是最後一個，以後男伴不再拈花惹草。這種情形下，女性

嫉妒是想找回一種依靠，即可靠性，希望以後子女會奉養自己。這不是表示女性較包容，而是其嫉妒感體現於她最重要是和男性在一起，以前的東西可抹掉。但男性嫉妒是仍介意那個前度，這點很可能和生育結構有關。女性生育，子女一定是自己的，所以她知道這是其骨肉，但男性怕「戴綠帽」，你不知道子女是否一定是自己的。我朋友這星期剛把他兒子的 DNA 拿去化驗，因為他不信任太太。我想應該沒事，總之沒事就好。

這種心態下，箇中嫉妒就是男性的獨佔性很強。甚至引申一個問題就是在這些 Homicide，我們稱「他殺」的死亡案件中，有三分一或二分一是因為情殺，通常都由男性造成。女性體力上不易用刀子斬殺他人，女性就會退而思其次，運用陰謀。有件事不知是否真的，朋友告訴我，有一名女士知道丈夫外遇，她很生氣，但突然又看開了，不動聲色，然後去學烹飪。丈夫是上海人，她便常煮很美味的紅燒獅子頭。紅燒獅子頭一定要多點豬肉，三分一是豬肉，三分二是肥豬肉。三年後，丈夫心肌梗塞過世，她用了三年殺夫。朋友這樣說，該是劇情需要，不要當真。但男性就控制不了衝動，因為他對伴侶外遇的疑惑會連帶懷疑繼承人不是自己所出。男性衝動時會打架，會傷人，在這種情況下很難控制的。

看不到就沒問題？看不到的意思是沒直接捉姦在床，比看到好。看到就控制不了，這是人類的嫉妒。根據演化生物學，男與女的嫉妒有所不同。女性需要一種依賴性、仁善愛心（kindness）

和資源（resources）。有個說法很有趣，女性擇偶時，就是依賴性等同專一。這不表示他以前沒有女朋友——最好是沒有。最重要是結婚後，不再跟以前的女朋友來往，這就是可信性。這些是愛情心理學。

女性在愛情中比男性成熟，較多考慮。男性通常第一個擇偶條件是先被外表吸引，其次就是身材都很重要，說下去就變得很生物性。但男性到了結婚時，所娶女性未必一定漂亮或身材好，都是安全感問題，其實是人之常情。女性的依賴性，因為她生育時需要伴侶在旁，如果一個不可靠的，所謂花心的，像甚麼「嘬完鬆」（得到肉體後就離開），那當她生育時就很不安全。所有動物中，只有人類是不能獨自生育的，留意這個現象。今天說很多生物常識和演化，當然我們不知道幾十萬年前是怎樣。

但在群居後，女性一定有伴侶，最好是丈夫或男性，最少有其他女性幫忙剪去臍帶及輔助，牛當然都要有人催生，或者要幫其接生。但如果沒有人類，其他動物都不怕沒人幫忙，豹媽媽會自己咬斷臍帶，其他動物基本上可獨立生育。但當牛、馬這些動物與人多有接觸後，慢慢都需要人幫助，都要接生。依賴性就是保證生育時有人貫注安全感。那麼女性為甚麼喜歡一個男性有仁善愛心呢？這是對男同學說的，你以求偶策略來說，跟女朋友一起去公園時，除了嘴上誇她外，若見到小朋友，你去抱一下，這是加分的。這些我後來才知道，早期不知道。

女性基於母性，需要男性關心自己的下一代，kindness 不是代表仁慈，而是對下一代或小孩子的關心。你平時可以不喜歡抱小朋友，但為了追求對象和戀愛可以試一下，這比送花好，是我的個人經驗。

第三個是資源（resources），為甚麼是 resources 呢？這很有趣，就是女性對於擇偶，有一點很奇怪，是既浪漫又實用的。浪漫是因為談戀愛很開心，但差不多時間，實用主義出現，因為她需要一個能照顧下一代 resources 的伴侶。所以當談戀愛很久，我見過很多，兩個人本來不錯，但男生較窮，買不起房子。但她又不太喜歡另一個（有經濟能力的）男生，就考慮了一、兩年，最後你們猜猜選誰？還是選有房子的那個，因為即使戀愛已久，有多浪漫，仍抵擋不了依賴性。也不是要刺激男同學努力買房子，你還有其他才能。女性很喜歡男性有上進心，上進心都是表示 resources 的一種。

——戀愛的排他性

男性由於不能生育，他本身很需要一個可靠（reliable）的伴侶，為其生育下一代。簡單解釋就是，戀愛有一種排他性，嫉妒代表愛情裡很強的排他性。喜歡一個人時，會感覺到「多給你一分，我便少擁有一分。」在排他性裡，有位德國文豪叫歌德，他寫的《少年維特的煩惱》說過一段。維特暗戀一個女生叫做夏

綠蒂，但那個女生其實有未婚夫。小說反反覆覆寫他暗戀夏綠蒂，夏綠蒂是一個很討人歡喜的女生。有一次，一幫人慶生，在切蛋糕時，夏綠蒂一直切蛋糕分給很多人，到最後才分給維特。維特因為最後只分到一小塊蛋糕，就很嫉妒。為甚麼分到這麼後才給我？平時朋友之間你不會這樣嫉妒，排後一點，晚點給你蛋糕，或蛋糕小一點，你不至於哭。但維特這種情形，就是覺得我愛的人，我愛你多一分；如果你不愛我，就會減少一分。這是一種擁有感，愛情中，不論男女都有很強的擁有感，擁有感就有排他性。於是就產生一種很奇怪的，剛才說的，這些情緒，愛恨交纏，無法自已。很容易想像對方不在眼前時，會否在這個時候，跟另一個男生或女生在一起。

羨慕跟嫉妒不同之處在於，羨慕不會有排他性。我羨慕你的能力，我不會覺得因此有種此消彼長，覺得愛情好像會吃虧。本來他很愛你，卻又愛另一個，那你便覺吃虧。其實愛不是除以二，但你不接受。當然有些情形下一夫多妻，一妻多夫等，原始部落裡面，聽說嫉妒感很強也需要接受。可能是歷史上，或者文化上，男性可以娶四個太太，雖然箇中都有內爭，但不至於好像現在的一夫一妻制那種嫉妒。這個也是男女性別差異（Sex difference in jealousy）的一些說法，都是生物學的說法。發現伴侶和另一個人有深入的情感交流，發現自己的伴侶和另一個人發生激烈的性行為，這兩點都很令人嫉妒。這情形下，哪怕網上是虛擬世界，人仍會嫉妒。兩種情況：一，你發現伴侶在網上和另一個人有很深的情感交流，哪怕他正跟你交往，但跟網上對象有

很強烈的情感關係，常會聊天、WhatsApp、Line 等；另一種是網上虛擬性行為，不是真的。有個調查結果很有趣，八成三的女性，較難接受情景一；六成表示在性的關係上，兩個情景都較難接受。

舉個例子，不是我的經驗，事先聲明。我一個男性朋友平時很易嫉妒，他跟女朋友交往一段時間後，竟發現她是女同性戀者，並且正被另一個女同性戀者追求，於是二人分手。沒多久，那兩名女同性戀又分手，並與我朋友復合，而我朋友不太介意。因為對他來說，她們沒有真正的性關係。可以想像，如果他的女朋友和另一個男生發生性關係後再與他復合，他的芥蒂會強烈很多。這本來都是性慾，女同性戀也一樣會有性行為。只是因為她沒經歷過生育的可能，所以他的嫉妒感沒那麼強。男性嫉妒的獨佔性是因為其不能生育。

以下讓我與黃沐恩教授進一步探討男女間的嫉妒特質。

黃：有說女性比較專一，男性比較花心，是出於演化生物學的觀點。不過因為社會或經濟結構的轉變，也令男女的嫉妒性質有所轉變，例如女性依靠男性的資源，本源於重男輕女和勞動的社會。但現在處於一個知識型的社會，男女的智力基本上沒有差別，於是女性亦不見得唯一介意的是伴侶在情感上有否不忠。似乎在資源平均下，亦會改變男女的嫉妒。這就是一個對

生物學看法的補充，生物學只能表示一種生物有這樣的傾向，並不代表我們一定會這樣，因為社會環境的轉變會令我們嫉妒的形態有所轉變。

才能上的嫉妒，如果從演化論的角度來說，亦是一種擇偶的優勢；若你較聰明，擇偶的優勢亦較大。有一位心理學家和哲學家曾提出，無論是才能上的比較，還是伴侶的比較，最終爭取的是注意力。人是要依靠他人的注意力，不論我考試成績較好，或是爭取到伴侶也好，最終想獲得的都是注意力，而希望獲取注意力的根源是嬰兒時期，因為嬰兒需要他人注意來建立自我。當嬰兒喪失他人注意的時候，他會感到痛苦，覺得喪失了自我。而有趣的是，嬰兒的自我或注意力是從何而來呢？就是從注視而得來。

注視的特性就是獨佔性，例如你媽媽在看你的時候，一定不會在看其他人。她看其他人的時候，就一定不是在看你，所以在嫉妒中，或是在愛之中的嫉妒，必是獨佔的。例如當丈夫跟你說不要嫉妒，雖然他在外面認識別的女人，「其實相比其他女人，我更愛你」、「我愛你佔了 95%，其他人只佔了 5%」，我想沒有一個妻子會接受這個說法，因為對她來說愛必須要獨佔，若你不是 100% 愛我就等於不愛我，這恰恰是從嬰兒需要被注視的根源來解釋，這未必能由演化的角度來解釋。

陶：哲學的角度來看這個說法挺有趣的。我想莊子也有思考這個問題，人存在於世界上，永遠落在對比的結構之下。我們有很多重要的東西，例如美醜、善惡、壽夭，即是說人是長命還

是短命，或者是榮辱及身份地位。這是因為我們存在於這個世界的時候，用道家的說法：我們已經有知識，或者對世界的認識，而認識產生了分化。分化的過程中，分開了「我」和「非我」，這是道家所說最基本的分化。於是我們每一個人，用演化心理學來解釋，我們每一個人的自我最重要，於是「非我」並不是最重要的。

用你剛才的說法，我們在愛或者是嫉妒的時候，需要得到絕對的專注或者擁有，所以在這個過程中，就產生佛教所說的「貪」、「嗔」、「痴」，其中「貪」是指貪得無厭，「嗔」可能就是指嫉妒，得不到絕對的認同感，於是便產生了一種怨懟。如果你是弱者便會怨懟，若非弱者便可能會用一種粗暴的方式去征服，可能就是嫉妒明顯的例子。

——嫉妒者關心的其實是自己

黃：陶先生早前提及的，嫉妒會使人做出離奇地破壞關係的事情，即使本來不想失去伴侶，但你會跟蹤他、調查他，例如檢查對方的手機，但這樣做其實對關係沒有幫助。若你看到對方和別人傳情慾短訊，你會感到不開心，但當你發現伴侶並沒有這樣做，你都會疑心重重，認為他只是刪除了訊息。其實做任何東西也不會釋疑，但又會千方百計去試，直至破壞關係為止。

所以從剛才道家或者是心理學的角度來說，嫉妒的人真正關注的

不是關係，他真正關注的是自我。嫉妒之所以難堪，是因為他覺得自己在這套愛情片中是主角，但忽然之間他發現自己只是配角，這令他十分難受。所以為了變成主角而不擇手段，甚至不介意成為悲劇的主角，也不願成為一套喜劇的臨時演員，即使破壞關係也在所不惜。似乎用「我」和「非我」的界定，或者是嬰兒時期對自我的界定，也能解釋這一點。

陶：我最後想提問，有沒有辦法減輕嫉妒呢？我有時會想，嫉妒與自我形象有關。若在戀愛時自我形象低落，是比較容易疑神疑鬼？很小的事情也會懷疑對方出軌，你認為這個問題有沒有解決的出路呢？

黃：我認為有的，也是和自我有關。若你的自我完全建基於伴侶對你的認同，你會很容易嫉妒，但若你明白，我雖然是我妻子的老公，但我同時是一個老師，我亦是一個小提琴演奏者，當你的自我建立在不同的地方，就不會這麼容易受傷。如果不想容易產生嫉妒，是要令自己的人生有不同的方向，自我認同不能只是來自一個來源。

陶：我們會繼續思考這問題，很可能跟人生意義的問題有關。

佛洛姆（Erich Fromm, 1900-1980），美籍德國猶太裔人本主義哲學家、
精神分析心理學家。畢生致力修正佛洛伊德的精神分析學說，以廓清兩
次世界大戰後的精神處境。佛洛姆是法蘭克福學派的成員，他企圖調和
佛洛伊德（Sigmund Freud, 1856-1939）的精神分析與人本主義，其思想
可以說是新佛洛伊德主義與新馬克思主義的交匯。佛洛姆被尊為「精神
分析社會學」的奠基者之一。他談及嫉妒的觀念可見於其 1947 年的著作
《逃避自由》（*Escape from Freedom*）。

陶：有一齣電影的海報有點奇怪，這是中島哲也的電影《令人討厭的松子的一生》。這齣電影名字很奇怪，未必人人看過。電影海報中小女孩扮鬼臉，代表了電影裡一個重要指涉。我們談論這齣電影不是想劇透，而是討論日本人一個很特別的情感問題——依愛。

日文讀法是？

黃：日文讀法大概是 A-M-A-E，懂日文的朋友應該會讀。[3]

3　　日語 AMAE 沒有中文或英文的直接對應翻譯，它源自名詞 AMAERU，指渴望獲得別人的關注與照顧的行為，AMAE 則指與這些行為相應的情緒。

陶：提到這點是因為電影中有個有趣現象，這小女孩一直被父親忽略，因為家裡有一個重病的妹妹，家人要照顧妹妹而忽略她。整齣電影都環繞女主角的鬼臉和她滑稽的動作，電影主題其實很沉重，色彩卻很絢爛，配樂的曲調聽似很樂觀。

黃：這齣電影的確很特別，我也不知該怎樣形容。電影拍出一種古怪的氣氛，不知算不算 cult 片（邪典電影）。

陶：一種稀奇古怪的拍攝手法，屬於黑色喜劇。

黃：剛才陶先生提到「依愛」這種情緒。如果不從「依愛」角度去看，可能會簡單地把它當成一齣愛情電影。因為電影中松子一生和不同的男人一起，被無數男人拋棄和虐待，沒一位曾對她好過，但她仍熱切追求不同的男人。
她是否只為追求愛情這麼簡單？我分析到一點，當一個人投入一段可歌可泣的愛情，那當然就是愛情電影。但當她投入五段、十段可歌可泣的愛情，而每段都全情投入，每段完結時都讓她痛苦得想死時，這就令我們懷疑，到底電影反映的是否愛情這麼簡單？似乎有某些多於愛情的東西反映在電影中。

陶：我第一次看時，覺得電影的表層是說，因為她被爸爸忽略，正如我們剛才說的劇情，所以她扮鬼臉並成功得到父親關注後，便一直按照這方式生活。最後，她發現這成了下意識的習慣，每每發生令她緊張的事就會扮鬼臉，被當成一個奇怪的人。她不

斷追求愛情卻愛得不得其所，每段感情都破裂，觀眾看得很傷感；但我覺得這只是表層現象，其實，這種「依愛」的根源是甚麼呢？

── 依愛之甜蜜

黃：依愛這件事本來不是日本人所獨有。這很容易理解，就如母親和嬰孩的關係。嬰兒當然沒能力做任何事，他會依賴母親，母親也願意被其依賴，在這過程中他會得到一種甜蜜、甘甜的感覺，就是所謂的依愛。因為 AMAE 這個字本身也有「甜」的意思，這種透過依賴而得到的愛情或甜蜜感覺，正常來說只存在於嬰兒和母親身上，但這特別在於，日本人將其一直延伸，到兒童和父母之間、朋友之間、情侶之間、甚至老闆和僱員之間也會出現依愛之情。在正常西方社會我們會發覺，當你成長到某個年紀還去依賴別人時，例如我拜託你幫我買個便當，我可能會覺得麻煩了你，但日本在某些特定場合下，我依賴你時會覺得很甘甜，很開心。

陶：被依賴者也會感覺到一種特別意義，或是甘甜的感覺。

黃：被依賴者會認同這件事，覺得你依賴我是因為你覺得甘甜，但重點始終在於依賴者身上。譬如這齣電影中，松子經常想依賴別人，她追求的可能不單純是愛情。因為我們覺得愛情是喜

歡一個人的獨特性，但她並不。如剛才陶先生所說，她的依賴源自年幼時得不到父親的關愛，一直扮鬼臉，但到最後也徒勞無功。

電影有一幕是她在成人禮時穿著一套很漂亮的衣服，父親幫她拍照時她繼續扮鬼臉，但父親卻叫她認真一點，不要再這樣。在她這次最後的努力失敗後，才進入所謂令人厭惡的一生，透過追求不同的男人，追求依賴他人所得到的甜蜜感覺。

陶：當然不同社會都可能出現這種問題，但我們特別把它放在日本文化脈絡中討論，是想探討有否可能是東方民族的「依愛」現象比較強？因為一般而言，我們覺得西方文化的個體性比較強，個體性其中一點是要求獨立，而且不可隨便依賴別人，是這樣的文化背景。但在日本文化裡有一些特別現象，例如共同沐浴，這在其他民族比較少見。從小到大一起洗澡，或同在一個家庭和公司，有很多團體活動。尤其是以前的終身制職業，現在可能已改變，加入公司就好像加入一個家庭，下班一定要和其他同事喝酒，不可隨便離隊。

黃：這跟「依愛」挺有關係。今天終身就業制已很少有，這制度是明治維新開始時創出來的，使得日本職場文化變得很不同。真正重要的不是你有否才能，想想你將會在一間公司工作四十年，有否才能並無所謂，我訓練你幾年便可。但如果你不忠誠，不視公司為一個家，我花了五年時間訓練，你卻離開，這對公司的損害就很大。你可以想像，如果一間公司員工和老

闆共處四十年，那他們的關係就不會像現時的人那樣。今天年輕人上班若工作得不開心，隨時可以辭職不做，指罵老闆然後離開，反正我不用再面對你。但你想想如果你還要面對他四十年，你不會這樣處理關係，而是形成一種類似家人的關係。所以反過來說，在日本我們會要求老闆要作為一個好的領袖。譬如有些日本調查發現，好領袖的條件不是我們今天讀的那些 Leadership（領袖能力）、決斷力，而是你能否照顧員工工作以外的一些需要，例如他失戀了，你會否叫他不要上班，回去休息一下。這在香港是比較難想像。

陶：我想以剛才提及的母子關係來解釋會較易明白，例如小孩子發脾氣或撒嬌，是蠻不講理的，他在那裡踩腳非要吃雪糕不可。但你會看到一些比較溺愛孩子的母親，她一直呵護，勸告孩子，雖然有時罵孩子幾句，但最後也服從，甚至更因為這種撒嬌行為而更喜歡他。

——我要依賴，而非命令

黃：這確實有些相似之處。依愛有兩個特點，其中一點是它是被動的。依賴不是我要買那個玩具你幫我買，不是這樣的。一般來說溺愛是，我要買玩具，並鬧彆扭。但依愛的特性是我希望我不用說，你也知道我想要甚麼。因為一旦說出來，這就不是依賴，就變成命令。

我要喝這杯咖啡，你買給我，即使你買給我也不算是我依賴你，因為你只是接受命令去做事。依愛的特點是我不用說，你問我想吃甚麼，我不知道，但你得自己想出來；如果你想不出來，我就覺得依賴不了你。而這種被動的依愛，經常帶有不合理性。甚至依賴別人的人，他也知道這是不合理的。譬如明知樓下買的咖啡，和距離兩個地鐵站的星巴克咖啡是一樣的，但我就是要喝較遠的那杯；但其實自己不是真的想喝那杯，是想知道你會否照做我不合理的要求，這我就能更加依賴你，那種依賴帶來的甜蜜感覺就更強烈一些。

依愛有兩個特點：
一，被動地希望別人主動體察自己的需要，即不是我告訴你我想要甚麼而你為我做甚麼，而是我希望我不用明言我想要甚麼，但你依然能察覺到；
二，包含不合理的要求，但這種不合理的要求卻被視為正面的和可貴的，這從 AMAE 的字根 AMAERU 所演化的形容詞 AMAI（甜）可得到印證。

它的依賴性就有這種特色，和溺愛相似，但溺愛是從母親的角度，依愛則是從小朋友的角度執行。而母親亦認可他對自己的依愛，認為這種依愛之情是正確的。所以這在東方文化就較易發生，西方文化只會覺得離譜。

——取消你的獨立性

陶：其實有時我們談到的 SM，那些虐待、施虐或被虐，會否有某種近似的 matching（搭配）效果？

黃：也不出奇，尤其當我們所說的 SM 是佛洛姆（Erich Fromm, 1900-1980）那種精神性的虐待和被虐時：我在精神上虐待你，某程度上我也會得到一種快感。因為最主要的目標是你我不再分彼此，二合為一。我虐待你是為了將你收歸我的心靈；反過來我給你虐待，是我放棄自我，將它奉獻給你，所以存在一種由非常緊密的人際關係所衍生出的費洛蒙。

這引申出佛洛姆所論述有關愛的一種最基本模式，叫 Symbiotic Union，中文譯作共生結構。意即母親和子女這微妙的關係中，是一而二、二而一。當然母親是一個個體，嬰孩也是一個個體，但嬰孩初生階段時，兩者是互相依賴的。嬰孩一定依賴母親，靠其保護和照顧；但母親也是需要嬰孩的，可能是催產素的影響，或一些心理機制，所以失去嬰孩的母親會瘋狂。這種一而二、二而一的結構，令彼此間得到微妙的統一感，所以旁觀一位母親餵哺嬰兒的溫馨感覺是很感人的；這亦是母愛重要的原因，是所有愛最原初的模式。

由這裡引申，我剛思考到的，某些母親發覺嬰孩成長時，她會感覺到焦慮，覺得孩子可能離開。所以這有時解釋了一些溺愛現象，尤其我們近代東方人較明顯，即使小孩已十歲、八歲，也

幫他扣鈕子、綁鞋帶、餵吃東西等等。這過程可能是潛在地害怕兒童會獨立。母親不想孩子獨立，以便永遠和自己處於統一感中，不能離開。這過程中有趣的是，剛才提到佛洛姆的理論下的SM，SM不一定是性虐待，也會是精神式的虐待，主要希望取消對方的獨立性。

佛洛姆對溺愛現象分析得很深刻：當嬰兒仍舊很小，還完全依賴母親，這時的母親絕大多數都是慈愛的母親。大多數女人都需要嬰兒，感到相處時快樂，並且渴望照顧他們。她對嬰兒的愛和迷戀，就很可以成為她的自戀的一種滿足方式。我們流行稱「情感勒索」。施虐者不只是絕對地控制別人，還要進一步去驅策他們，利用他們，甚至於瓦解他們的獨立性，他們會威逼利誘，包括物質與非物質的，最普遍的是以情感來操縱對方。

陶：用某種手段，例如恩威並施的效果最明顯。恩惠是給予你大量益處，令你無法獨立於我；威嚴的方式就是恐嚇你，你不能離開我。一些很嚴厲的上司就是這樣，隨便就說要解僱你。這其實是一種虐待，令你歸順於我這個統一體內。

── 得不到依愛時產生的扭曲

黃：佛洛姆也有類似的說法，其中一個有爭議性的說法是，他說一位母親和她的孩子之間的愛，並不是成熟的愛。這種說法得罪了很多人，但他其實指，因為母親不視孩子為獨立的個體，她

根本視孩子為自己的一部分，像你愛你的手和足。儘管說法上都是愛，但不是一而為二、二而為一，尊重對方獨立個性的一種愛，才會出現這種影響。

而回到依愛上，其實也有類似的 parallel（類比），依愛就是兩面刃，大家關係好像很好，我依賴著你。但如果你依賴他，想得到依愛，卻得不到的話，便衍生成忌恨之情。

依愛得不到滿足時，會衍生種種負面情緒：

乖戾（SUNERU）是因為無法理直氣壯地依愛而衍生的脾氣；

忌恨（URAMU）是依愛被拒所產生的恨意；

乖僻（HIGAMU）是依愛得不到滿足而感到的委屈。

這忌恨之情可以很強烈而變態。有些人嘗試去理解，發現日本的一般犯罪率不比其他發達國家高，但其少年兒童犯罪率就是比其他國家都高，其中一個因素似乎可能跟依愛有關。

我想依賴你，但你居然不讓我依賴，於是我怒上心頭，很可能會對你做出暴力行為。這亦使日本社會存在一種對成人社會的忌恨、不信任和懷疑之情。我自己也看不少日本動漫，一個普遍題材是否定日本的成人世界，要拯救這世界一定要靠十二、三歲，或十四、五歲的少年才行。你看西方社會如 Marvel 的英雄多是成人，但日本漫畫的英雄從來都不是成人，他們要對付的是成人。因為成年人代表邪惡、自私、不幫助少年，而少年是純真、善良和勇敢。

陶：我大概明白了一個想法，日本青少年那種虐待或殺人的殘酷，當然也未必完全在日本，我們現代常見到的青少年犯罪方式，那些在溫情甚至富裕社會長大，又被過度縱容保護的小孩，會發現小孩並不純粹簡單地變得脆弱，有時變成一種很奇怪的殘暴。

就這點作一個微妙的心理分析，這種殘暴好像是通過殺害某些他認為的壞人，來建立自己的形象，甚至逃避成熟或拒絕成長。例如日本有一種叫 lolita（蘿莉塔）的文化，永遠活在自己的世界裡。日本也特別多家裡蹲。家裡蹲可不是一個簡單的退縮現象，這可以分析談論一下。

黃：日本家裡蹲有很多原因，但要當家裡蹲也不容易。在香港畢業後想家裡蹲，假設你家裡很有錢，但你也蹲不了多久。你蹲兩天便會被母親一腳踢開門，叫你快點出去逛街、找工作。家裡蹲可以在房間半年不出門，代表他不單有經濟支持，父母也認為他這樣做是可以接受的，覺得你現在全程依賴我生活沒有問題。既然你目前找不到甚麼想做，那就在房間裡休息一下，我每一頓飯都放在你門口，給你錢去上網。這種家裡蹲現象和日本人這種依愛之情有一定關係，當然它一定牽涉其他原因，但不單是經濟的理由，更多是心理上，父母認可孩子的依賴是合理的。

陶：還要補充一點，始終日本有一個特別文化，就是比較有危機意識和面對災難。這令日本文化變得特殊，包括他們對世界的無常感等等。很可能日本人有一種很奇怪的性格分裂，一方

面可彬彬有禮，非常客氣；但另一方面又可變得很殘暴、或是虐待模式。

有一個英國女作家，我忘記名字，她說母愛或父愛之所以偉大，是因為所有愛都是希望大家聚在一起，有一種統一感。但真正的父愛、母愛是希望子女成立、獨立、甚至離開自己。例如我們送子女去外國讀書，不單花錢，其實也是個人感情上一大欠缺，所以有時我們從愛的深層理解，就會看到這種所謂的依愛，反而是我們現代人的危機。

佛洛姆關於愛、依戀、施虐與被虐心理的論述可見於其 1956 年的著作：《愛的藝術》（*The Art of Loving*）。

悲傷 —— 10

陶：我們兩個在大學教書時發現，學生的情緒問題真的挺嚴重。有時我們稱這個時代為「輕不著地」，像兩隻腳跟無法著地，但另一方面覺得很多事情好像找不到意義，於是產生很多不同情緒。這些情緒問題裡面，有一部分是很值得分析的，sorrow 或 sadness，我們稱為悲傷。其實悲傷的情緒是怎樣形成的？

黃：有關悲傷，簡單地說，就是我們失去了一些重要的東西。而悲傷的程度就取決於你失去的東西有多重要，最簡單的形容，就是丟了一百元，你會不開心；但如果你養的狗死了，那悲傷程度就會嚴重得多。後者的悲傷之所以比前者嚴重，是因為那件事對你來說很重要。所以從這角度看，有時候悲傷程度不能客觀判斷，如說一個小學生失戀不算悲傷，你覺得不悲傷，但可能對她而言，男孩比成績重要、甚至比母親更重要，所以她會覺得悲

傷。在這類情境下，我們不可以判斷一份悲傷孰重孰輕。

陶：所以悲傷的其中一種情況，是失去珍貴之物，這是較能客觀
分析的。例如你的手機突然摔壞，你也會傷心，或是被母親罵所
以傷心。但若要細分，你的著作《情動於中：生死愛慾的哲學思
考》，書中將悲傷描述得很細緻。其中一種叫意向性的悲傷，這
該如何去理解呢？

——悲傷的意向性

黃：其實意向性是哲學家 Martha Nussbaum（瑪莎‧納思邦）
提出的，當然意向性在心靈哲學上已被很多人談論過。她提出
意向性的一個特點，是悲傷一定是有所指的，即是說我很不開
心，但我沒有不開心的事，這是不可能的，他一定關注某件事。
例如我們剛才所說，我關注的是我失去的電話、我關注的是尊
嚴被踐踏，而這關注對象，我們稱為意向性對象（intentional
object），它決定了我們的情緒是怎樣一回事。

有趣的是，這個意向性對象，就如我剛才所說，它不是客觀的，
它是由我們的意念建構出來。即使是同樣的對象，例如母親病
重，你把它建構成一個對你很重要的人，在她即將離開時，你
會悲傷；但若你把它建構成一個對你很差的女人，你再也不用
面對她，那可能會變成快樂，你甚至可能會慶幸。這就是意向
性的意思，而這種意向性也帶出一點，情緒其實有一種主觀性

在其中。

陶：不過我們需要釐清「主觀性」，這不是普通地說你覺得怎樣就怎樣，那麼簡單。因為對於意向性（intentionality）這現象學的名詞，一個最簡單的解釋方法，我們拿一張有字的紙，上面有很多字跡、很多東西，但你不會看成油墨在紙上，你一下子就會看到它的意義（meaning），這表示我們對紙上出現的意義結構，有一種解讀（interpretation）、一種理解。這種理解活動令我們建構出世界的意義，這意義也成為我們與世界的一種關係。所以如剛才沐恩所說，同樣是母親，但如果她是一位含辛茹苦的單親媽媽，養大整個家庭的子女，那她離開時，你會感激她一直以來的犧牲，甚至覺得一生都將受母親離世所影響；但若是一個虐待你，或不常照顧你的母親，你長時間對她的印象又愛又恨，多種複雜的情緒，也令你在她離世時，生出一種複雜的哀傷：可能會哀傷，因為她是你母親；但另一方面又摻雜了一些，也許不至於慶幸，總言之是感覺總算完結，一種釋放的感覺，是一種複雜的悲傷，這其中不一定可以任由我們主觀建構。

黃：這種意向性有趣的地方在於，它回答了一種問題，就是人們經常問動物有沒有悲傷？一些動物學家發現原來牛會哭的，大象看到小象受了傷，牠會伏在那裡飲泣；我覺得也許不用太絕對地說，人禽之別，兩者是不同的。其實動物也確實可以悲傷。不過如果我們嘗試從意向性的角度理解悲傷，就發現牠可以悲傷，但牠的悲傷跟人並不同，因為牠缺少了人類某些具體的概念和信

念，所以牠不會明白。

譬如蘇軾說，「十年生死兩茫茫，不思量自難忘」，這種是悲傷；一隻牛要被宰殺的悲傷，也是悲傷，但牛不會明白甚麼是「十年生死兩茫茫」。甚至一個麻木的人，他也不會明白這種悲傷，可能他不曾跟人談過戀愛，或是他與太太一直以來相安無事，他就不會明白喪妻十年後，回到墓前的那種悲傷。人的悲傷的心碎和深刻，似乎能夠在這種意向性對象上揭示出來。

── 憂鬱至麻木

陶：你說得對。剛剛我跟一個有抑鬱症的同學聊天，他說母親去世時，他知道她確實愛護他，但他感覺不到悲傷，所以哭不出來。他覺得這很遺憾。即使想到以後再見不到母親，想到母親對他的好，他也哭不出來。這種情況也是情緒討論中一個很深層的問題，就是我們有時會對一些事表現冷漠，像旁觀一樣；雖然他知道事情發生了，例如知道一個人病重，可能知道對方的痛苦，但自己感受不到。所以悲傷會否存在一種很微妙，有關同理心的問題呢？

黃：剛才陶先生提出的是一個很大的問題，西方所謂情緒認知理論的說法是，你判斷那事物對你很重要，那你失去它的時候就一定會悲傷。但現實似乎並不一定，像剛才陶先生舉的例子，他也覺得母親對他很重要，但為甚麼他感受不到悲傷？似乎悲傷包含

理性判斷以外的一些東西，致使那些在他判斷下很重要的事物失去後，他也不覺悲傷。

那些東西是甚麼呢？有很多不同理論嘗試去解釋，其中一種最簡單的，是以我們的身體結構和反應作解釋。譬如剛才陶先生舉的例子，一個悲傷或有抑鬱症的同學，當他的抑鬱症已持續一段時間，他的腦部結構已跟一般人不同。你可以想像，他對很多事情都感到悲傷，於是某程度上他變得麻木，沒法像我們每個人，面對正常事情一樣敏感，於是他知道那件事應該難過，但他卻像麻木了，使他失去悲傷的能力。他不至於沒同理心，不是冷血地，我刺你一刀也沒關係。而是沒有辦法，就像跳進游泳池的身體，一開始感覺很冷，但慢慢你習慣那溫度，再也沒法感受到最初那種冷一樣，是你控制不了的。情緒就是這樣，當你不斷經歷一些很強烈的悲傷時，可能身體就自動替你把功能關閉，你就沒法有同樣的悲傷。

── 面對死亡哀傷的五個階段

陶：我們談及悲傷，許多時候連繫死亡，或說是生離死別。有一位是瑞士精神科醫師，叫 Elisabeth Kübler-Ross（伊麗莎白・庫伯勒・羅絲），被認為對近代的善終服務有很大貢獻的三位女士中，其中一位。另一位是桑德斯（Cicely Saunders），一位是 Mother Teresa（德蘭修女）。就是這位 Elisabeth Kübler-Ross 女士，她對哀傷方面有一個挺有趣的分析，你可以談談她的 five stages of grief 理論。

黃：其實 Kübler-Ross 提出了一個模型（model）去解釋悲傷的發展。我覺得這概念本身已很重要，因為悲傷並非不變的東西，不是「我很不開心，我每天都不開心」這樣，原來悲傷會根據一個自然定律來演變。

根據她的說法，悲傷有五個不同階段。第一階段是否認，第二階段是憤怒，第三階段就是討價還價，第四階段是抑鬱，第五階段則是接受。我覺得這模型挺有趣的，我們平常跟學生談及時，不少人也覺得挺符合。譬如最簡單的例子就是失戀，你失戀固然不開心，但並非純粹不開心，而是進入第一階段，就是你會質疑，思考，你不愛我？沒理由的，你只是想我買東西給你，你用不著以分手來威脅我；這是「否認」。

慢慢進入下一步，她對你說，不是的，這次不是買個手袋就能解決，我喜歡上別人了，這時候你就會掉進下一個階段，就是憤怒；憤怒中的你總覺得，她怎可以這樣對我？我這麼愛你，你對我這樣並不公平，一直數落對方種種不是，對愛的一種譴責；某程度上這種憤怒也是挺可悲的，就是透過譴責對方，希望對方可以回到自己身邊，但結果當然不行。

可能對方跟你說，你罵我也沒用，我已喜歡別人了。這時也許你的理性會回歸，想著不如這樣，我會做些改變，你不要和他在一起，跟我在一起好嗎？這其實就是進入一種討價還價的階段，一種 bargaining；比如說，我以後對你好些，我多陪你，這樣的討價還價。

陶：這點我想補充一下。我們談到愛情哲學的一些策略，當你說喜歡一個人，但突然間他開始對你生厭或不再喜歡，很多人都會這樣討價還價，譬如不斷送禮物。其實我們分析過，你買禮物，會令對方更易產生內疚感，其實不該接受，因為對方已不喜歡你；接受時會有負擔，但不接受又好像更打擊你，在過程中只得猛推猛讓。所以我經常勸勉同學，在這種情形下到底能否挽回、可否 bargain，不在於你再展開攻勢或是討好對方，反而該冷靜下來，才能希望有轉機。

黃：我也同意你的說法。這個買禮物的策略，不論對方接受與否，你也是輸了。對方不接受，很內疚，但接受後，你又反過來問對方，如果只因你買一個手袋，對方就重新接受你，那是否真是你想要的關係？想清楚後，你又可能未必想要，也許反過來，不要買禮物給對方，不要理會——

陶：或者冷靜下來，有時有些事情是有轉機的，這我們並不知道。

黃：對，事情總說不定。有關討價還價，其實這挺特別，因為討價還價是一種理性的重新出現，試想所謂「否認」（denial），其實是很不理性的，因為你不接受這件事。失戀算好一點，但有些譬如面對親人離世也會否認，說對方沒有死去。例如一些新聞說有人在家裡抱著屍體，某程度上他相信對方不是真的死了，可以很不理性。

到憤怒時，有初步的理性出現，不過這種理性是用來譴責他人

的，接著就會討價還價。但當你發覺原來這種理性的討價還價也不可行時，就會掉進一種抑鬱。即是你覺得無論做甚麼都沒用了，你會批評自我的能力，認為是自身問題，因此這悲傷是無法解決的。其實很多人是掉進悲傷的抑鬱階段，走不出來。

──如何接受哀傷？

陶：這點我補充一下。抑鬱有時候是一種很特別的內疚或自責，例如，早知道我就去看醫生，或早知道我就對對方好一點。這種抑鬱叫人一直自責，到某個階段就陷溺在惡性循環裡，總之這件事完全是我的錯，抑鬱到谷底，回不了頭。

黃：所以你能看到情緒是由外到內。憤怒是一種向外的情緒，對方不好，對方怎樣；但到抑鬱時就是我不行、我做錯了一些事情，好多事情。很多時候會說是我的性格不好，人格有問題，致使事情無法解決。

如果你夠幸運，就會走到最後一個階段，即所謂「接受」，但這接受有點不同，不是說我接受了，那就分手吧，算了，並非這樣。而是你接受悲劇確實發生，接受自己確實受到傷害。並不是說，算了，反正我也不在乎你。很多時候人會這樣自欺欺人，但這樣反而回到第一階段，而不是最後階段。

所謂「接受」就是要明白，是的，我現在真的很傷心、我真的很痛苦，我的餘生必須與這份痛苦共存，那我們就想一下該如何與

這痛苦共存下去。所以接受不單是接受悲劇的發生，也是接受與之帶來的悲傷，和它的無可排遣性。

陶：這一點我又記起 Abraham Harold Maslow（亞伯拉罕‧哈羅德‧馬斯洛），很著名的 hierarchy of needs（需求層次理論），讀過心理學、社會科學的都知道。其中一點，他形容較突出，或是比較 self-integrate（自我融合）的人，有一個特點就是要承認事實，這一點是很重要的。

每個人都會遇到困難或不幸，會失戀，甚至失去親人。如果我們永遠停留在第一階段就最嚴重，會變成很多心理疾病。但很多人就喜歡記恨，特別是剛才提到在感情方面，要恨對方一輩子。有一個有趣的例子，我有位從事心理輔導的朋友，說有一位女士離婚後仍戴著結婚戒指，心理治療師問她為甚麼這樣做，她說這樣才能記住那個混蛋。

心理治療師最後勸解她，試想想可能你前世（他運用神秘經驗），是一個不好的人，如今你的伴侶其實是一種因果循環，以此讓她放下戒指。當然以此方式釋懷未必很正常，但我認為願意去接受，往往是一種成熟的表現。我們知道一些事情是不可挽回的，但仍要繼續活下去，甚至要活得更有意義，這是我們對悲傷的一些意見。

「意向性悲傷」（Intentional Suffering）此觀念出於瑪莎‧納思邦的著作《美好的脆弱，希臘悲劇中的運氣與道德》（*The Fragility of Goodness: Luck and Ethics in Greek Tragedy and Philosophy*）。

心理學家馬斯洛（Abraham Harold Maslow）在一九四〇至五〇年代提出了著名的需求層次理論（hierarchy of needs），他認為人類的需求可以被分類為五個層次，從基本的生理需求到自我實現的需求，並認為這些需求層次按照一定的層級來發展實現。其中他認為能到達自我實現層次的人，通常具有自我融合的特質，重點是這些人能具有對現實的正確認識，能夠面對事實，並接受自己之優缺點及過去歷史，和周遭環境的真相。這種誠實面對現實的勇氣和誠實，馬斯洛認為可以通往更高層次的自我實現和幸福感。

　　一位同學告訴我，他終於體會到 hea（類近於躺平）的境界。一家到泰國芭提雅（臺譯：芭達雅）旅遊，最後的一天，他感到萬分無聊，無所事事，他就躺在傾斜的沙灘椅上，身體疲軟，又覺無所著力，看看路人，半睡半醒，黃昏將至，忽然胸口不由自主地向內收縮，不斷抽氣不斷抽氣，吸氣極盡，忽地，從內裡吐出一口沉悶久遠的氣，「hea」的一聲，整個人與沙灘椅合一，深陷沙泥之中。他說，這就是 hea 了。

── 要如何形容「無聊感」？

　　他繼續說：「我們通常將 hea 等同頹廢，而會將頹廢說為不思進取，或是精神萎靡不振，這不過是因人而異的。我卻將 hea

視為一種享受，是一種生活態度，是很自我的。hea 比頹廢深刻，有些人可能有很正常的生活：一個美滿家庭、固定的工作、眾多朋友知己，可是如果天天如一，做著相同的事情，過著同樣的生活，漸漸我們會覺得無聊，甚至不想活下去，不及懂得 hea 生活、hea 人生的，不及我們活在自己無所事事的優悠中……。」他是一位念哲學的同學。

無聊者的感覺：

1. 時間似乎過得很慢。
2. 我經常覺得自己「閒得發慌」，但又不知道該幹點甚麼。
3. 被迫觀看別人的家庭電影和旅行幻燈片，這讓我備感無聊。
4. 我需要做的都是些單調而重複的事情。
5. 我很少因為我的工作而興奮。
6. 我常常覺得自己無事可做，很閒。
7. 在一些不得不等待的場合，比如排隊時，我會顯得坐立不安。
8. 我需要在生活中找到更多充滿挑戰的事情來做。
9. 電視和電影都千篇一律，沒甚麼好看。

腦袋上方的投影儀閃著，你卻腦空空無一物，神游於那些幻燈片之外。臺上那位老師彷彿離你十萬八千里，這時可以用兩個字來形容你，那就是——無聊。

──無聊感的來源

　　早期，科學家一直試圖找出無聊這種沉悶情緒的心理學基礎，他們發覺當人重複做著單調乏味的工作，就會出現無聊情緒。例如差利‧卓別靈（Charles Chaplin，1889-1977，臺譯：查理‧卓別林）在電影諷刺工人在流水線上，不斷做著重複的作業，最後差利感到崩潰發瘋。

　　幾乎每個人在身處重複、單調、壓抑的環境卻又無法擺脫的時候（如排隊等候），都有過短暫的厭煩情緒。但有些人卻頻繁地感到無聊，他們需要在生活中尋求更多的刺激；或者由於不具備自娛自樂的能力而閒得無聊；或者找不到生活的意義和目標，對「生存」本身產生厭棄。常感無聊的人易患焦慮症、抑鬱症、嗜藥及酒精成癮的風險更高。他們易怒、好鬥，缺乏人際交往的技巧，在工作和學習中也表現較差。

　　或許無聊者的心態可以改善為：
1. 對我來說，全神貫注是件易如反掌的事。
2. 任何情況下我總能找到事情做，而且能夠找到並保持自己的興趣。
3. 對我而言，自娛自樂是件很容易的事。
4. 我可以很耐心地等待。
5. 我常常一覺醒來，就有個新點子。
6. 我大多數的時候都覺得自己的能力，應付工作所需實在

是綽綽有餘。

於是心理學家指出無聊感的產生主要歸咎於兩個因素：外部刺激不足和自身調節能力偏弱。人都會有對外部刺激，或者說是對新鮮感、興奮感以及變化的渴望。由於渴望外部刺激，性格外向的人更容易陷於無聊中。性格外向的人需要持續變化的刺激，才能達到最佳的喚醒水準（arousal level），否則無聊感就油然而生。

一些內向型態的人，往往不知道找些娛樂調侃一下，自我封閉久了，會被無意義感包圍，就會產生一種更複雜的無聊感，直指生存問題本身。他們會思考存在的意義，卻不願行動，於是被問題拖得團團轉，只思而不行。報告又提出自我調節能力的重要性。又當個體出於現實考慮或迫於其他壓力，放棄了至關重要的生活目標和夢想，無聊感也會隨之產生。

一些愛好廣泛且富有創造力的人，就不容易陷入無聊的泥淖。森德伯爾（Norman Sundberg）稱：「我相信有人即便像佛教僧侶那樣安靜打坐，也不會感到無聊。他們依然能用心感悟生活、發現快樂並不斷成長。」如果內心世界不充實，自身調節能力又弱，再多的外部刺激和新鮮感也會轉瞬即逝。沃丹洛維奇（Stephen J. Vodanovich）認為：「大腦會不斷尋求刺激，久而久之，大腦對刺激的需求便欲壑難填。這是一場註定失敗的戰鬥，你永遠不會感到滿足。」為了擺脫無聊，人們會沉湎於吸

煙、搞破壞、賭博以及嗜藥等有害行為，追求感官刺激。

情緒對無聊感的產生也很有影響，擁有積極自我意識的人很少會覺得無聊；相反，不清楚自己的需要和願望，找不到生活的目標和意義，就會深陷在「無聊」的深淵中。

── 治療無聊感的方法

無聊感各有不同，治療無聊的方法也多種多樣。如果無聊源於乏味的工作，那就可以嘗試換個工作，或者通過增加工作的強度和難度來改變工作環境。

一個人如果在空閒時間總是被無聊感佔據，他就應該嘗試培養新的興趣愛好，或者學習一些新的技能。通過自我訓練，你會發現周圍的世界其實很豐富多彩。只要用心去體會和發現周圍的美，就不會感到無聊。

又例如學習內觀。東方哲學中的打坐冥想，要求練習者緩慢放鬆，專注於自己的呼吸吐納和肢體感覺，並讓思緒天馬行空般穿行於腦海。內觀訓練可以幫訓練者提高注意力，走出情緒的漩渦，從而減少無聊感的產生。

心理學家霍克（Floyd Allport Hawk）在 1951 年發表的一項研究指，無聊感是一種類似於睡眠的感覺，並發現同時使用三種興奮劑——安非他命（amphetamines）、麻黃素（ephedrine）以及咖啡因，可以減少重複性工作中的疲乏、困倦、注意力渙散等無聊的症狀。此外，向參加測試的學生支付報酬也可以激起他們的興趣。霍克用此研究證明無聊感是刺激和動力不足的一種複合物。

（編按：本節陶國璋與哲學學者黃沐恩對談。）

陶：我發現每個民族都有羞恥感（Shame）。而東方民族與西方民族比較，羞恥感更加明顯。之前我們提過厭惡感、噁心，也談過恐懼、悲傷，這些都是基本情緒，但羞恥感似乎比較著重於文化性、社會性。一個極端的例子，在印度，婦女被強姦，村中長老會要求不要報警，息事寧人，並且讓受害者「選擇」嫁給強暴者，「以作補償」，其理由是「鄉醜不宜外傳」。

黃：羞恥感其實挺特別的——

陶：像動物到底有沒有羞恥感？

黃：有些動物會呈現出類似羞恥的反應，譬如狗知道自己做錯事，會垂頭喪氣躲在一旁。我們研究羞恥時發現，它不像那些原始情緒般，譬如悲傷、憤怒，在你一出生時就擁有。嬰孩就沒有羞恥感，你看他做錯事，完全不會感到羞恥。

陶：你看見他的生殖器官，他也不會覺得有甚麼羞恥感。

—— 羞恥感既非完全先天，亦非完全後天

黃：沒錯。但它並非一種由社會建構的情緒，不需等到成年才會學到。科學家發現大概到 18 個月左右，所有人類都會出現羞恥感。

這代表羞恥感既不是基本情緒，又不是社會建構出來的情緒，介乎兩者之間。因為羞恥感是建基於一些東西，是你必須到大約到 18 個月大才會認知到的。簡單來說，所謂羞恥就是你做錯事，你要先得到一個「我做錯了」的判斷。這簡單的判斷並不容易，不簡單的地方在於「我」這一點：孩子要何時才能掌握到概念上，而非物體的「我」？大概是 12 至 18 個月左右；而除了「我」以外，他還要掌握及知道這世界是有某些客觀標準，而我的行為是違反了這客觀標準；他必須掌握到這幾種判斷能力，才能夠得出一個 judgment（判斷），知道「我做錯了」，然後他才會懂得羞恥。而剛才說的這些判斷，是不用特地去學習的。普遍而言，人類大概到 18 個月左右就會具備這些能力，從而會有

羞恥感。

陶：我記起一個實驗，叫作 Red dot Experiment。測驗是找出小朋友照鏡，看看他們的反應。首先我們在兒童的鼻上點上一個紅點。實驗者要求兒童照鏡。一個奇怪的現象出現：16、18 個月以下的孩子，就算在鏡子看見額上有紅點的自己也不覺得有甚麼問題，他以為那是另一個小孩。當孩子具有自我意識時，才會覺得好像有甚麼不對，為甚麼我額上有一個紅點，和以前不同。這被認為是自覺意識階段的一個突破。

黃：這個實驗是相當經典的。我們平時也很容易觀察到小孩的 role play，即「角色扮演」。
譬如他喜歡扮演父母、扮演傭人，這也並非簡單的事，太年幼是不懂的。因為扮演的意思是，他知道自己只是在扮演母親，事實上他並不是母親。眼前在煎的玩具牛扒是假的，他不會真的吃了它。這種角色扮演的出現某程度上也是一種概念自我的醒覺。而必須具備這能力，你才有辦法感覺到羞恥。

陶：這代表他至少能意識到自我有兩重，一層是「自己感覺到自己的感受」，當然不必是概念地明白；另一層是「別人看見我」的這個自我，他懂得這點。所以羞恥感是人類發展一個很重要的階段，是自覺意識的一個醒覺。

黃：如果沒有這點，也不會出現其他情緒。如羞恥和其他情緒，

包括自滿、嫉妒，這些我們在心理學上都稱為 Self Conscious Emotion，自我意識情緒；是自我意識湧現後才會出現的情緒。我覺得最有趣的是，它打破了我們一般經常問的，情緒到底是天生還是後天的，它是一出生便擁有、是基因性的還是學習來的？而事實並非如此那麼簡單，有些情緒就是處於兩者中間，如一個 spectrum（光譜）那般，有些靠近先天，有些靠近後天，但不是處於兩個極端。

—— 羞恥感是對於共同關係的反應

陶：從一個生物演化角度的說法是，人類基本上是一種群居動物，這種群居性對人類很重要。因為我們的爪和牙並不鋒利，繁殖率也不特別高，在生物鏈中，人類處在一個很尷尬的位置，不是最優秀又不是最差勁。但群居令人類得到一個很大的優勢，人類可以分工合作、彼此之間互相幫助，互相保護，於是這種群居生活形成一種很重要的群體性。

不過另一個因素，我們不是普通的猩猩、狒狒之類的群居類動物，因為我們有高度的思維能力，我們能做到剛才提及的，能自覺自己，是高度抽象思維的表徵。於是高度抽象思維加上群居特性，就形成了我們普遍在社會學談及的，一種社會規範的要求。我們很需要有一種秩序，很需要共同的關係。有關羞恥感的起源，有研究分析，發現孩子一開始不會分辨好與壞，例如母親或親人用和諧的聲音、語調低一點來跟他說話，幾個月大的嬰孩也

會向你笑；但如果你用兇惡，驚嚇的聲音，孩子會有一種反感，甚至害怕。

黃：這確是很明顯的，有一個類似的實驗叫 Visual Cliff Experiment，也是研究孩子如何看待父母的反應，很多時候小孩子第一件看的就是父母的面部表情。母親向著孩子笑時，雖然他們會害怕，但也會慢慢爬過去。如果母親表現出驚訝，他們就會轉頭走掉，我們稱此為 Social Reference（社會參照）。陶先生剛才所說的群居性非常重要，也跟羞恥很有關係。因為很多時候我們會發現一個成人長大後，多是達不到一種對於外在的要求，才會覺得羞恥。為何是外在呢？我們發現羞恥感和觀眾有關係：越多人看到你做錯一件事，你的羞恥感就越強烈；如果你做錯事但沒人知道，你會羞恥嗎？可能會，但其程度也低很多。

陶：關於這一點，我看過一段影片，一個球賽觀眾碰巧被大螢幕的鏡頭拍到，不小心打翻了手裡的汽水，被大球場內幾萬人看著時，他頓感無地自容。另一個情況，我們自己在家裡打翻水，你不會有羞恥感，只後悔自己不小心。因此羞恥感是一種鏡像理論，是對他人或群體裡的價值標準的反應。

黃：是的，所以可見感到羞恥的其中一個直接反應，就是掩面，想逃避，自覺得醜，想找個洞鑽進去，不想被人看見自己所做的事。如果本來就沒人看到，也不用找洞鑽，因為被人看見了，才想找洞躲起來，這是羞恥的逃避傾向。這在很多不同的歷史故事

中都會出現，其中最明顯，我經常引用，是項羽烏江自刎。我經常想為何他要自刎，如果他不自刎，跟劉邦再交戰一次，是不是有贏的可能？可能有。若到現場問項羽，你猜自己跟劉邦再交戰會贏嗎？也許他相信自己會贏，但問題是他實在沒有面子，他說自己沒面目再見江東父老。確實那真的很沒面子，當初出戰時跟別人說自己一定贏，叫人家兒子隨自己去從軍，結果全都戰死了。現在難道要他再跟父老們央求說，你好像還有個小兒子，不如再來跟我去打仗？也許他覺得有機會打勝仗，但是那種羞恥感太強烈，他沒法去面對江東父老。他只能逃避，其逃避方法只有一個，就是死去。

—— 羞恥是因為對不起自己的身份

陶：這點很有趣，這分析帶出羞恥感的深層結構。待會我們再談談西方文化的一種罪惡感。罪惡感很多時候是對自己的行為感到內疚，要求補償。但羞恥感，當然也要求補償，更重要是對自我感到無地自容，最後變成逃避。所以有一種分析，例如日本人的切腹，是一個高度的榮耀感，對武士身份的崇高感。當他失職或自覺羞愧時，他只能用一個最極端的方式，就是自殺，來挽救他的光榮或名譽，所謂「以死殉節」。這方面可能是東方民族比較強烈，西方也有這一類，但兩者存在不同的過程。

黃：這很值得探討。一般你做錯事，我們會跟你說，錯誤已發

生，自殺又有甚麼用？但在羞恥感的語境裡，真正錯誤的不是你的行為，是你做不到你的身份該做的事。你作為一個武士，被人羞辱居然沒有反應，這可不行。但若問切腹有甚麼作用，是有用的。雖然這行為也改變不了他對你的羞辱，但對於捍衛武士的尊嚴，切腹就有了用處。例如像項羽那樣，他自殺能做到甚麼？是沒作用的，對打勝仗沒任何幫助。但作為一個將軍你以死報之，自殺作為保護身份就有用了。所以我們會說，羞恥很多時候是一種自我身份的缺失。你沒辦法，只能盡可能做一些事情，甚至逃離那個身份。最簡單的例子是，你女朋友經常說你對她不好，那我不做她男朋友，我便沒有羞恥感，我可以逃避這件事。似乎有時候，有些關係，例如《孟子》也有一節，我不太記得整個內容，大概是有人問他，舜的父親犯法，他也應該要抓捕父親，親疏有別可不行，作為一位明君，舜要怎樣選擇？孟子說很簡單，把父親帶走，不做明君就可以。（《孟子·盡心篇上》）似乎在東方文化中，也許可以討論這算不算逃避，但由於他的羞恥感源自他的自我身份，某程度上自我身份是可以選擇的，於是便使得他們有一種逃避的可能性。

—— 東方文化造就強烈的羞恥感？

陶：所以有時候，我們分析時會察覺一種文化現象，有些人形容這也是東方文化。我相信印度人也屬於這東方文化，會對他的群族，對他的血緣結構，有一種很強烈的承擔感或接受感。於是說

它是綑綁整個氏族，一個龐大的血緣網絡。在這種文化形態下，一方面他的光榮是要光耀門楣，你看中國人很多時候說，我們要愛我們的祖國，要將他的奧運金牌獻給祖國；你看西方人很少這樣，不會說要獻給西班牙，獻給阿根廷。這種奉獻一來是對抗私心。東方人相信儒家文化，在日本、或越南、或是整個中國、臺灣這些，很多時候他將自己和一個龐大的氏族看成一體，一旦遇到被驅逐或離開族群時，就如剛才提到，他會產生一種很特別的痛苦或羞恥感。

羞恥感的文化和人的私心，公私之間有很大關係，我們不能有私心，不可為自己，分甘也要同味，當然是一種民族的優點，但有時也構成了某種的偏執。

黃：還有也要小心的是，我們之前有談論過噁心。而對於羞恥，譬如我們中國人常說羞恥之心人皆有之，對於一些令我們羞恥的事我們不做，認為這是不道德的。但如果我們能理解到，所謂羞恥其實是一種對於當地道德標準的反應時，這種羞恥之心就不是必然的。

你對一件事感到羞恥，是否等於那件事一定是錯的呢？假如你推老婆婆跌倒，這種事你當然會羞恥。但可能有些民族會跟你說，我們人人都覺得當同性戀者很羞恥，你不羞恥嗎？所以我們會明白，羞恥很容易會受到當地道德標準所影響，所以這件事對於我們去反省所謂的倫理學和道德哲學是很有意思的。

從前我也不這麼想過，但中國社會裡，他們說很多羞恥之心、四端之心，但這事情究竟是否「端」呢？「端」意指天生就是如

此，但原來羞恥是會受到當地文化，和某個一時一地的道德標準所影響。如果我們把道德標準簡單當成，甚麼令我們羞恥甚麼就是不對，就很容易帶來災難。

── 必須反省一時一地的道德標準

陶：當然，孟子所說的羞惡之心，可以引申為一種自我要求，即是鞭撻自己的不長進、對自己有一種自我要求之類。但這不要緊，我想最重要的是羞恥感文化本身和血緣結構有很大關係。

我們通常將人類的文明分為幾種形態。一種是遊牧民族，我們較少談論；一種是比較重視個體精神的文化，特別是希臘文化；另一種我們稱為重視血緣結構的，血緣結構的特點是彼此之間，你心中有對方、對方心中有你，要彼此間互相有一種交互關係。

所以東方人的愛和西方不同，西方說「我愛你」是一個個體對另一個個體的關係，但中國人的愛，一定是對當的，即是父慈子孝、兄友弟恭，是一種交互關係。從這交互關係中會產生一些社會規範，從好處想，我們會有一種比較和諧的，互讓互諒的關係，體諒的精神。

但在孫隆基的《中國文化的深層結構》中，它專門研究中國人由血緣結構所產生的副作用，例如我們很重視門面，重視面子，很多時候會形成窩裡鬥，越親近的人因為忌恨而越多排斥；再進一步會出現「渠道化做人」的情況，所謂渠道化意思是「識相」，

要圓滑，這種圓滑令我們不容易得罪別人，不會在說話時中傷人。還有很多，例如分析了中國人的個體性並不明顯，個體界限不明，令我們很多時候不尊重別人的個體和他人的私隱；有些現象如我們的父母（也許現在少了），或會因為你是我的兒女，所以我有權私自拆你的信來讀。

所以這種羞恥感文化是值得反省的，包括我們說中國人很多時候，蕭若元先生經常提到，中國人要求兩樣東西，要愛國和孝順。其實這兩種要求可能是羞恥感文化的一個累積，你稍為反省一下自己的國族身份，已被認為是大逆不道，說你不愛國。甚至是平時對父母並不好，但沒人敢說孝順是不需要的，覺得必須講求孝順，所以母親節無論如何也要和他們吃飯，哪怕平時也許並不理會父母。這類東西成為東方民族值得反省的一種次文化，甚至是一種劣根性。

Red dot Experiment，又稱 Mirror test，或是 The mark test，用於測試動物及嬰兒是否有能力在鏡子中辨認自己的影像。這項研究由美國心理學家 Gordon G. Gallup 在 1970 年發表。

Visual Cliff Experiment，也稱為視覺懸崖實驗，是由美國心理學家吉布森（Eleanor J. Gibson）和沃克（Richard D. Walk）於一九六〇年代進行的。研究者製作了平坦的棋盤式圖案，用不同圖案構造，造成視覺懸崖的錯覺，為發展心理學的經典實驗之一。

《中國文化的深層結構》，孫隆基著。本書分析了中國文化中重視「心」多於「腦」的特色，進而分析了中國人的良知系統、個體觀念、社會結構、對法律的觀念等。

陶：當我們討論過東方文化的羞恥感現象，反觀有一種情緒是跟我們東方人不太接近的，叫罪惡感。之前我們提到東方人屬於一種羞恥感文化的形態，在血緣結構下很需要在群體裡得到認同。因此你做了違背鄉規、違背社會規範的事就會被責罰，甚至感到被排斥，自覺羞愧。所以羞恥的特點在於一個群體的共同規範。但罪惡感，例如耶穌被釘十字架，「救贖我們的罪」本來是一個基督教的傳統觀念，我們談論「罪」，不是指 criminal 和 crime，那是「犯罪」；但是 sin 不同，有關 sin 的根源，我們又要如何思考？

—— 沒人知道，但仍有罪惡感

黃：有關「罪」，當然可以引申得很複雜，但簡單只從基督宗教

出發，它明顯和東方社會的「犯錯」不同。雖然兩者都是犯錯，同樣會出現羞恥或罪疚感的反應，但不同的是，東方社會定義的「錯」，是你違反了大家共同協議好的規則，譬如大家都同意八點後不喝酒，你違反了，那麼你就做錯了；但在西方社會或罪（sin）的文化底下，別人怎麼想並不重要，最重要是神和人之間的關係，或是他們的契約，就是《聖經》的新約和舊約的「約」字，意思即契約。

舊約就是舊的 contract（合約），新約就是新的 contract。《聖經》中有很多 contract，「十誡」就是一個 contract。一開始在伊甸園裡，神和亞當、夏娃立下合約：你想做甚麼都可以，但絕不能吃那棵分辨善惡之樹的果實。所謂的罪、所謂錯的根源就是來自你違反神和人之間的合約。其他人怎麼想沒關係。所以，從這裡引申一點，罪惡感和羞恥是有顯著分別的。

最明顯分別是所謂有無觀眾，我們剛才說羞恥感是你做錯了一件事，很多人看著你，你無地自容，想找個洞鑽；但現在你的罪惡感就有點不同了，有沒有觀眾不再重要。你做錯了一件事，你偷了一個人的錢包沒被發現，但這是不是真的沒「人」發現？你自己知道，神知道，你也知道，於是這種內化的道德觀會對你造成一種良心譴責。這事情你是沒法逃避的。別人指責你，你可以逃開，但你自我譴責，可以怎樣逃避？人難以逃避自己，由此跟罪惡感連在一起的，不是逃避傾向，而是一種補償，人們會做一些事去令內心好過一點。

陶：我想這裡有一個潛在的思維模式。丹麥的哲學家齊克果有一

個分析，在伊甸園的故事中，亞當是受女子夏娃誘惑去吃知識樹上的果實，於是犯了原罪。很多人批評宗教，覺得這件事說不過去，亞當和夏娃吃了蘋果，又跟我們有甚麼關係？應該「一人做事一人當」，不過我們先不討論這個。

這裡有一個微妙的分析，亞當能夠被女子夏娃誘惑去吃果實，代表他有選擇能力，就是他有自由意志。因為如果你沒有自由意志，就沒有所謂誘惑，誘惑的意思就是你可以去做，可以不去做。雖然可能存在極大吸引力，假設是一些性的誘惑，你抵受不住，但無論如何你也不是被命定去做，存有一絲自由，這自由正代表人的個體性。由此引申出西方文化中，如希臘文化裡的靈魂觀念，即每個人都是獨一無二的，代表每個人有自己的個體；另一種方式則從基督宗教來說，一個靈魂加上獨立的自由意志，結合一起就會變成一種個體性，每個人也是一個獨一無二的個體。但這個體又潛在地對「人是從何來」，對根源抱有疑問，以基督宗教的《創世記》解釋，一切背後存在一個神。當然我們不討論很複雜的宗教問題，只是說在西方人心中，即使是無神論或甚麼也好，神這觀念永遠烙印在潛意識裡。

東方人覺得神不過是鬼神的神，是一種普通的鬼靈，或靈異問題；但西方人的神是相對於人的內在，一種內心良知。這種良知總在呼喚，令我們知道自己做錯事。雖然別人不知道，但總有一種力量，或某種神知道，這罪疚感便是「我」與「神」的關係。

——罪無法清洗，但要補贖

黃：確有這種特性。正因為這是人和神的關係，他們會努力彌補
或修補過錯，但這又有些心理矛盾，因為在基督宗教中，這個
罪基本上是沒法彌補的。你無法以帶罪之身去彌補，做甚麼也
沒用，必須靠耶穌的無罪之身的血才能洗淨你的罪。話雖如此，
你依然要去做，雖然你沒法洗清你身上的罪，但你的罪對這社會
帶來的壞影響，你也需要修好它。意思是你偷了別人的東西，你
的罪確實洗不掉，但你偷東西對別人帶來的壞影響，也需要去修
正，這是你的責任。所以我們發現在基督宗教，尤其是中世紀開
始的補贖條例，其中非常仔細地說明了，你犯哪一種罪，就要做
甚麼補償。例如你偷了別人的錢，你要賠四倍錢給對方，如果你
睡覺時有淫念，你就要起來祈禱三次、唱聖詩五次、吃麵包、喝
清水等，這些規矩是很嚴格的，現今看來可能覺得很有趣，但在
中世紀這些規矩比法律更加重要。其實你不去做也沒人知道，你
爬起床唸不唸詩，沒有人知道。但對於他們來說，這是一種內化
的道德要求，不依從會令自己痛苦，於是才引申出很多宗教僧侶
的自我虐待行為，即苦行僧，某程度上也是一種對贖罪的追求。
由於那種罪是無限的，人的罪是無限的，於是所謂的苦行也是無
限的。他們對於自我虐待、禁慾、苦行的執念很強大的，所以才
引申到後來，例如尼采（F. Nietzsche, 1844-1900）對於禁慾主義
的批評之類。

陶：這些禁慾望、清教徒之類，都是比較西方的一種文化。這

讓我想起古希臘的悲劇《伊底帕斯王》（*Oedipus the King*, 429 B.C.）。伊底帕斯王的故事中，主角犯了很大的罪，殺害父親又娶母親，是為亂倫。故事在宮廷中有一幕，當他知道真相時，第一個想法就是自殺，不是沒面目見其他人，而是他想把這恐怖的世界結束掉，但他想想，他沒面目去見黃泉下已死的父母。另一方面他也要對兩、三個亂倫子女負責，於是最後他帶著子女慢慢遠去。他這種悲劇情調，就跟中國人那種因羞恥而最後自刎、自殺很不同，這構成一個西方文化有別於東方的另一角度，即是所謂悲劇英雄。

悲劇英雄不是代表（在羞恥中）與世界妥協，或安穩下來，他不選擇自殺或逃避，而是面對殘酷的命運。他成為英雄不是因為戰鬥，而是要戰勝這種荒謬感。由這裡發展出來的，當然在基督教文化有影響，這形成了罪疚感。你可以用一種廣義的無神論，控訴這世界的荒謬，而成為存在主義式的一種對世界荒謬的控訴。而要求尋回人的意義、生命的本源等等的問題。

回到之前有關羞恥感文化的問題，東方文化、日本文化和中國文化裡，在羞恥感文化的各種行徑中，它講求的氣節到最後還是要表現出來，讓其他人看到，我一死以謝罪，這個「死」是要「死」給其他人看的。

黃：他不會躲起來「死」，得死給人看才行。

陶：這種還我清白的過程仍然是群體意識下的倒影。在個體意識層面，對這問題的思考開始牽涉各種心理問題，西方在解釋許多

心理問題時，均認為它和罪惡感、罪疚感脫不了關係。

── 東方恥文化 VS. 西方罪文化

黃：其實這種恥文化和罪文化的比較，五、六十年前在 Ruth Benedict（露絲‧潘乃德）的著作《菊與刀》（*The Chrysanthemum and the Sword*, 1946）中已經開始，當時有些學者的解釋認為，正是這種恥文化和罪文化的差異，解釋了為何東方社會落後，而西方社會發達。因為你們東方人只會逃避，只顧念其他人，但西方社會就有很明顯的道德觀，他們做錯了會去彌補。這說法自然未必正確，剛才陶先生所說的便是進一步反省，而這種以個體為中心的罪惡感觀念，其實也有可能為西方人帶來一些特別的心理病。其實也有這可能性。

陶：的確，包括很多，例如 SM 心理，也可以算是這種罪惡感的變形，甚至我們之前討論過的自我保衛機制（Defense Mechanism），佛洛伊德提出我們會用不同方式去補償，但實際上又沒法接受這種罪疚感。於是就產生變形，形成多種奇怪行為，或性格上的扭曲。

黃：這種罪惡感的麻煩在於，它雖然是個體性的，但當你沒法克服它，有時你就會延伸到外，例如我為了彌補我的罪惡感而禁慾，但禁慾同時又會把其他不禁慾的人當成犯罪者，於是這種罪

就一直延伸開去。譬如基督教，很容易因為不喜歡某種行為，而會把做了這種行為的人看成犯罪，世人都犯了罪，根株牽連要大家都受苦難。相對下，東方文化則未必如是，它比較容易尊重彼此差異，我是這一套而你是另一套，也不要緊。西方看似很個體性，但當他的個體沒法克服某些難題時，會反而延伸出這些問題。

陶：你的想法很深刻，東方民族有一種「和而不同」，當然每種性格也有自己的特點。西方人也很重視個體性，但當它提升成為一種宗教觀時，以宗教角度說，黑格爾說過，宗教的特質是自以為掌握了絕對的前提：我是絕對正確的，於是產生一種排他性。所以你看西方的歷史發展裡，包括伊斯蘭教和基督教的十字軍東征。一來他們覺得自己有罪，要作出補償，同時更有趣的，他們會把其他不覺得自己有罪的人，認為他們忘失自己的罪，是一種墮落，甚至有一種正義感要去排他，要消滅之，替天行道。他們認為自己掌握了絕對的真理。當然我在這裡是較概括地說，但這種排他性文化，是個體性文化裡一個挺危險的後果。

黃：譬如在東方社會，我們說羞恥感是來自他人，來自與其他人的關係。但人其實是處於很多關係當中，有父子關係、朋友關係、君臣關係，所以事情並非這麼絕對。舉一個簡單的例子，忠孝兩難全，那究竟忠還是孝較重要？對中國人來說，typical（典型）的答案就是看情況再權衡；但這對西方來說並不可行，不能先看看情況，總之上帝寫著不可偷竊，無論怎樣的情況偷竊都是不對的。

我們會覺得東方那種觀念很容易引申出一種道德相對主義，並帶來危險。但實際上在當代社會，更危險的可能是一種道德絕對主義，認為自己必定正確，從而譴責他人。這情況有時更複雜麻煩，我覺得你不對所以譴責你，這是一回事；我覺得自己不對，所以我要譴責你，這樣的自我救贖，帶來的威力更大。我覺得你不對，我對付你罷了。但我覺得自己不對，心裡忐忑不安，經常想找些事情來做，繼而找你麻煩，於是令社會出現更大問題。

——既不和稀泥，也不排他

陶：有時說到這些文化的判斷，例如魯迅、李敖等人，孫隆基總結為中國人這種和稀泥性格，以柏楊的說法，這種性格是不可取，甚至顯示出中國人沒有個體性，沒有獨立思維。但這是一體兩面，每個文化都很可能有「雙面刃」，東方人的「和而不同」，例如佛教的傳入，基本上在中國沒受到太大排斥。這種包容性，甚至比較體諒對方，是因為你很重視別人的觀感，自然對別人有一種體諒，甚至是體會人心，體會他人內心的世界。相對來說，西方人當然也會講究 considering（關顧），但在其個體意識下，始終以自己為第一位。所以他對不同事情的觀感有時是過度的，以一種所謂公義、正義的名字，討伐，甚至攻擊他人。

黃：我也補充一點。雖然我們談論了很多東方文化、恥文化、西方文化、罪文化，但顯然地，現實是沒法分辨得如此清楚。譬如我們今天做錯一件事，到底會感覺到羞恥還是罪疚呢？大多是兩者都有一點，兩邊都在拉扯，你會想逃避還是補救呢，大多數也是兩邊都有一點。其實這並不難理解，因為我們沒有所謂的純正文化，例如香港文化是東方和西方文化混在一起。哪怕今天，中國文化是否沒混合西方文化元素？這也顯然不是，所以有時我們會發覺，在文化的溝通過程中，一些情緒本來因為文化而分裂成兩種情緒，後來又因為文化的交流慢慢融合在一起。

至於（恥辱和罪疚）兩者有時亦很難分辨，到底你現在感受到的，是羞恥還是罪惡感也很難說的。所以我認為這帶出了情緒的一個特點，它是行動的，經常會跟文化有一種互動的關係，使得它不斷地變形。我覺得這一點有助我們理解情緒，知道它不是如此簡單，不只是天生或後天，而是一個切入點。

陶：我們一直在做各種對比。情緒這東西是很基本的，很生物性的；但另一方面人有一種文化身份，現在我們置身一個全球化時代。當然我們經常討論到科技或其他東西。但有時亦忽略了我們的情緒、情感或其反應是緩慢地互相滲透的，如剛才說，包括羞恥感和罪疚感，其實都互相交織在一起。一方面我們不斷賦予這世界意義，而世界觀不斷改變也是人的基本特點。因此就這角度而言，我們回頭反省，在我們這時代，為甚麼會有這麼多心理問題，很多例如家裡蹲之類的社會問題。我們需要多從人類最基本的情感去思考。

「自我保衛機制」（Defense Mechanism）是指人類心理在應對焦慮和衝突時所展現的一種心理機制，用以保護自我免受精神衝擊。精神分析學派的創始人之一，西格蒙德・佛洛伊德（Sigmund Freud）在其1936年的著作《精神分析引論》（*Introductory Lectures on Psycho-Analysis*）中提出本我、自我、超我的概念，開展了「自我保衛機制」之概念的討論，其中包括各種自我保衛機制，如否認（denial）、投射（projection）、退化（regression）等。其女安娜・佛洛伊德（Anna Freud）在 *The Ego and the Mechanisms of Defence* 中將其思想大幅展開，提出十種類型的自我保衛機制。

第二章

情緒異化現象

前一章我們討論人的基本情緒：情緒是甚麼？情緒是自我保衛機制的外範呈現。保衛機制（defense mechcanism）分兩大類：一是保護自我，一是延續下一代。

依生物學的立場看，一切生理機體之所以協調運作，目的是共同維持生命的延續。生理機體是為求生而服務的，故稱之為求生機制。情緒是求生機制的表現。生物學進一步分析生理機體如何協調運作，以維持生命的延續，則涉及到求生機制的動力。我們都自覺我總是求生避死的，我怕站在高處，因為下墮會引致受傷或死亡；我怕遇溺，因為我不能在水中呼吸；我怕黑暗，因為我怕內中有不能預測的東西侵襲我⋯⋯各種怕的本源就是害怕自我的延續受到威脅，因此求生本能往往表現為各種的防衛機制，

而逃避、攻擊、競爭、嫉妒、憤怒……等等情緒便會出現。

　　僅僅是本能防衛，仍非積極的求生；求生機制須轉換為求安全，以便生命處於一穩定的處境中，於是另一類本能便引申發展，如居住、擁有、群居、合作、模仿等等。當人自詡為萬物之靈的時候，實際的生活模式，絕大部分竟然不過是生理機體求生機制的變形：他們攫取暴利（擁有求生優勢）、求取名位、權力（安全感）、求性滿足（延續下一代）……名號冠冕堂皇，稱富豪、董事、總統、情聖……他們的喜怒哀樂，其實都是一些保衛機制的投射。

　　問題是，為何人類的情緒特別多扭曲糾結？我們明明都希望追求幸福、快樂，但是我們大多數人都活在不快樂的情緒之中。

　　首先，佛家認為人生總是苦先於樂，譬如你飲可樂覺得非常暢快，但若沒有口渴的需求，可樂並不會構成你的滿足感；況且任何一種滿足感，都是暫時的，當滿足過後，需求又會重新浮現，你又會重新口渴。所以佛家說苦先於樂是有道理的。

　　人類較動物複雜，我們會運用抽象的思維，將動物層次的本能，提升為社會行為。比如在社會行為中，我們將逃避、逃跑的本能轉形為逃避責任、說謊；將攻擊本能轉形為人身批評、說是道非；憤怒本能則轉形為威嚴、權力控制……至於求安全方面，

昇華為追求更大的空間住屋，不受外在禁錮而顯自由感，所以有高樓價現象；我們將狩獵、收集食物的本能，投射為擁有符號形式的金錢，不斷為增加銀行戶口的數字而奮鬥；群居本能轉化為好名認同……正是人類的思想特別複雜，情緒特別多變，甚至成為我們存在的一種負累。人類有抑鬱症、失眠等等，我們何曾見過動物有這麼多的情緒困擾？

以下集中審視一些跟自我有關的情緒扭曲：自大、自卑、自憐自傷、隱蔽青年、自閉。

1. 自我膨脹

首先，我們都以為「我」最重要。此種以自我與眾不同的心態，會極端化為自我膨脹和自我壓縮兩端。自我膨脹就是一般所謂的自大，而自我壓縮則是自卑。我們現在試分析二者的心態。自我保衛機制最容易發展為自我膨脹。因為自我保衛機制促使自我封閉起來，脫離現實，他們過分地自我專注，總會發覺自己是與眾不同的。首先他會反駁他人之論點，並自圓其說，以反證自己的觀點是絕對正確；再加上心靈的完整化傾向，覺得自己特別聰敏，生來就與眾不同；既然他那麼特別，自然生來就帶有特殊的使命感，對世界有一定的作用和影響。

自我膨脹者帶負使命感，表現為「救世」思想，甚至要求

替天行道。又假若在現實中遇上挫折，他的自我保衛機制會再次發生作用，視挫折為別人有心阻撓，並鼓動他堅持其理想。許多狂熱的宗教信徒都有傳道的使命感，他們不會因別人的拒絕而氣餒，反而加強為這是神對他的試探，因為自始至終，他們都相信自己是神所挑選的，自我最特別。 假如自大者真有過人的智力，而且機緣巧合登上高位，將更加促動其膨脹的心態。歷史上許多獨裁者都帶有理想情調，他們不安於榮譽享樂，更要求實現一烏托邦世界，他們有神秘的使命感，自覺上接天命，於是會不惜一切，為達到目的甚至不惜犧牲大多數人的幸福，為了清除異己而大肆殺戮破壞。例如，希特拉在《我的奮鬥》一書中，透露他要為日耳曼民族創造未來人類的祖先；後來他掌權，就要純化日耳曼民族的血統，大量屠殺猶太人。我們稱這種自我膨脹的現象為「人而神」現象，即是說人的自我要求膨脹無限，代替神的創造功能。 唐君毅先生曾指出，聖賢與這類「混世魔王」最大的區別，乃在於聖賢雖有救世之志，但總自覺個人力量微薄，對整體的人類問題，沒有辦法，只求盡其在我，知其不可為而為之。但是自我膨脹的專制者，則自信自己最有辦法，可以徹底解決其民族的危難，甚至全人類的問題。因為他們神化了自己的使命感，迷信自己是超乎常人，智慧與能力無限。

2. 自卑感作祟

自我膨脹者喜歡炫耀自己，認為自己最重要。自卑剛剛相

反，自覺可憐，要求他人同情；他們易陷入對比中，自覺一切不如人，自己的命運特別坎坷，自己的樣貌、身形不及別人……所以自卑是基於一種自我壓縮心態。

人為何會自卑？原因相當複雜，英國哲學家羅素（B. Russell, 1872-1970）認為是由於過分地專注於自己。通常自卑者喜歡與他人比較，我們稱負面對比，是選擇性的比較，總是找他人長處來與自己的短處作對比。所謂負面對比，是越發引證自己不如人，是天生的失敗者。

一些心理學家認為自卑起源於家庭的溺愛。許多被溺愛的兒童，過於依靠父母或者家人，當一旦接觸外在世界，就恐懼競爭，退縮起來。退縮是由於不能承擔挫折感，只好眷戀於家庭、親人。但是人總要成長，當失去家庭的依仗，到處碰壁，就會自閉起來。同樣，自卑感亦可以來自缺乏家庭照顧。例如在眾多兄弟姊妹中，不被注意，沒有鼓勵，逐漸形成卑微的心態，不敢突出自己。為了怕被人排擠，便任由同輩欺負和侵犯自己的利益，自尊漸漸喪失。

自卑者的意志力薄弱，EQ 低落，加上自我中心的緣故，就過敏地覺得他人對自己「另眼相看」，總覺得被人注視，被人留意。又或者常常被人忽視，在群體中沒有地位。這種過分的自貶，往往伴隨害羞，難與別人溝通。

3. 自憐感

自卑轉化，即成自憐現象。自憐的生命特別敏感，容易為別人的眼光所影響；而人又必須與人交往、生活，於是形成對自我的高度關注。自憐者通常喜歡閱讀，並稍有文采，將文學所描摹的悲慘故事放大，更覺俗情的冷漠使其內心撕裂。

心理學家提醒自卑、自憐者，應主動打破與人溝通的隔膜，盡量表露自己的直接感受，嘗試從他人的角度看自己。或者可以參加一些公開論壇、演講比賽，在大眾面前發表意見，並且學習拒絕別人過分的要求等等，都是有助於增強自信，重新建立自我的形象。

抑鬱症除了自憐心態作祟外，許多是由於身體變化，或大腦欠缺某類激素，所以應從心理和藥物治療入手。當我們漸漸覺得不願與人相處，或覺得生活乏味，就應在這初始階段行動，找朋友傾訴或找專業醫生診斷。人在虛弱的時候，確實很難抵抗兒童時受到的教育的暗示，所謂天理人欲，人在其間拉鋸，表裡即有差距。

自憐的特點是不投入公共生活。適逢外邊節日喜慶，自憐者內心卻感到虛弱而有生命流走之感，當別人興高采烈歡宴之際，卻怨悔無人相伴，生命感到窒息、陷落，自覺天下間唯有自己陷入絕對的貧苦、無侶與孤獨。雨天、落葉梧桐、風霜寒月、一首

哀傷的樂段、逝水如斯……這流逝使他或她的敏感心靈容易凸顯，遂於秋來之時，其生命若虛脫而飄浮，乃有悲秋之情，其內心即寄託於情景而感虛脫，再次撤離一切，虛脫而墮入飄浮的虛無深淵，這是作繭自縛式的循環。自憐者因此容易患上抑鬱症。當長期與世隔離，年老、疾病等將再加強其虛弱而有流走之感。

4. 社交恐懼或隱蔽青年

「隱蔽青年」指有自閉行為的現代青年。此詞亦來自日本，由「引き篭り」(即閉在家中) 直譯而來，俗稱「家裡蹲」、「蟄居族」。隱蔽青年把自己困在家裡發呆，不願上班或上學，不願外出與人交往，有的甚至只待在自己的房間，嚴重者只通過寫字條和家人溝通。他們會睡覺、發呆，睏了就睡、餓了就吃……醒來則以玩電腦來消磨時間。他們跟御宅族一樣會迷上動畫、漫畫、電腦遊戲或者色情影碟。若需要購買東西，就會透過網絡購買而不必外出。因為欠缺經濟收入，他們只能靠家人的支持生活，所以家人的姑息亦助長了他們的隱居。

「御宅族」和「隱蔽青年」的本義不同，但帶來的影響卻非常相近。一般人認為，他們都是躲在家裡只看動漫畫的怪胎，並將之標籤化，這使他們更不敢與人接觸，自信心及自我形象繼續下降，從而形成惡性循環。喜歡火車的人會一整天都在乘火車，他收藏每次的車票，將它們做成一本收集冊；他還有火車的座位

表，會記下自己坐過的位置，以便下一次坐火車時不再坐同一個位置，這樣就能欣賞不同的風景。

香港的「隱蔽青年」大多是因為感到外界的壓力，或曾受到排擠、冷落，並害怕參加一些社交場合，於是就把自己關在家裡，斷絕與外界的任何接觸。他們白天睡覺，入夜後開始看電視、上網瀏覽、看漫畫、玩電腦遊戲、看色情網頁。

5. 自閉症

自閉症（Autism），又稱孤獨症，是一種由於神經系統失調導致的發育障礙，其病徵包括不正常的社交能力、溝通能力、興趣和行為模式。正常的人，聽語言時便專注於聲音，看東西時專注於視像……各官能彼此協調，主從井然有序。然而，這類患者卻不能調節官能間接受外界訊息的主從性，他們的大腦好像沒有門柵的庫房，當外界的訊息，如聲音、視像、皮膚觸覺、嗅覺、味覺一齊洶湧而至時，他們會不斷被外界訊息轟炸，過量的訊息使大腦不勝負荷，從而產生壓迫感，於是他們退縮，不願與外界接觸。

目前，自閉症的病因仍然未知，很多研究人員懷疑自閉症是由基因控制，再由環境因素觸發。雖然環境因素所扮演的角色仍未有定論，但研究人員發現了七個經常出現在自閉症病人體內的

基因組。

　　心理病理學統計：男性患自閉症的比率，比女性高三至四倍，但女性發病時，其病徵比男性嚴重。以現時醫療科技水準來說，自閉症不可能被根治。患自閉症的人有以下的特徵：缺乏社交能力；缺乏非言語行為，如用於社交的目光交流、面部表情、身體姿勢及手勢等；缺少自發性地與其他人分享快樂、興趣及成就；缺少社交及情感的互動能力，不易投入象徵性及想像性遊戲；語言能力發展遲緩，甚至完全沒有語言能力；易陳腔濫調，使用重複的、特殊的語言；有一成不變而且重複的動作癖好，例如轉手指……

　　人擁有高度的自覺能力，能自覺其自覺，但是這種自覺能力
會產生一種自戀行為。

　　人有自我（ego），我們始可肯定每一個人有其統一的人格，
是獨一無二的個體；在變化的過程中有一個同一性在貫徹，所以
不管怎麼變，孔子還是孔子，孟子始終是孟子。同時，宗教亦
肯定靈魂不滅，我的身體可以變、可以腐朽，但我的靈魂始終存
在，不朽的靈魂可以超越死亡的虛無。人又對此自我產生許多的
聯想：我最特別、我最不幸、我不會在意外中死亡……於是我們
執定一不變的自我，這便滲入許多情執。

　　自戀就是以「我」為中心的典型形態。為何人會自戀？有
兩重理由：第一是人擁有自覺能力，人在自覺之活動中，不向外
物有所意識，而自覺其自覺，就得出一自我之觀念。第二個理由
是求生機制與高度的自覺能力結合起來，形成自我偏向，重己而

輕人：我是節儉，你卻吝嗇；我有主見，你卻是頑固；我是開放的，你是優柔寡斷；我懂得自愛，你是過分自戀；我信的宗教是非正道，你信的是異端……在雙重標準之下，一切都是自以為是，將價值中心歸於自己。

在古希臘神話中，美少年納西緒斯（Narcissus）拒絕了許多追求者的愛，迷戀上自己在水中的倒影，最後弄致不能自拔而倒落水中溺死。在他死後的湖邊，生出了一叢紫蕊白瓣的水仙花，水仙花總低垂水邊，好像顧影自憐。至此之後，我們便開始用納西緒斯的名字來形容這種過分的自我專注，把自戀稱為水仙花症（Narcissism)。神話裡的納西緒斯，並不是從心底裡參透自己，而是透過自己的倒影，在本能上欣賞、讚美；這超越了第一身的自我傾慕，納西緒斯望著他的倒影，就好像別人用第三者的角度去欣賞自己。湖面，就像鏡子一樣，將自己象喻為「他者」（other）[1]，以旁觀的感觀評估鏡中的自己。納西緒斯欣賞的，正是旁觀者讚美的，就連納西緒斯這個「旁觀者」也被美少年這位「他者」所吸引。正因為對鏡中的「他者」的愛戀，當投射到自己身上時，便出現了自我的情結，自戀現象便產生了。

1　Simone de Beauvoir（西蒙波娃），The Second Sex（《第二性》）（London: Vintage, 1997），p.295.

當我們對著鏡子上妝、或是整理儀容時，往往會將自己打扮得豐姿綺旎的時候才出門會客，其實我們看的，是別人怎樣看我們的樣貌。我們打扮得自己認為美，反映了自戀現象使人按照自己的標準，以自身認為美的角度，投射到旁觀的也認為是美。基本上，照鏡打扮這種行為，只是以「己身為美」的原則，怎樣把自己喜歡上而已。

　　自戀不一定是病態，生物都要求自我延續，這是本能的一部分。但過分的自戀，凡事只會為自己著想，把他人置諸度外，容不下他人的半點評論，就是一種病態。自戀者的特質是過度關心自己，活在自我封限的世界中，逐漸超乎其現實性，唯有塑造崇高的理念，將自我完美化，孤芳自賞。但自戀者活得並不快樂，孤芳自賞式的自我陶醉，並不能打發內心的空虛，反而怨懟旁人不能理解自己，內心感到隔離的痛苦。

　　1914 年，佛洛伊德在《論自戀》（*On Narcissism*, 1914）中論述到有關自戀的問題。他把自戀分為兩種，一是在嬰兒時期，此階段未能區分人與我和物與我，並且把母親看作是自己身體的一部分，將愛傾注在自己身上，這種自我陶醉的愛被定義為原始自戀；嬰兒成長至三、四個月的時候，開始發展區分能力，漸漸懂得辨別身體以外的事物，知道別人的存在。母親作為第一身的撫養者，亦會離我而去。當這種投射遇上了挫折，愛便會轉投回自己身上，這種情況稱為繼發性自戀，亦即是我們平常所指的病態性自戀。

繼佛洛伊德後，維也納兒童心理分析師梅蘭妮‧克萊因（Ronald D. Fairbairn）將自戀問題擴展至自我與客體的關係，成為第一個關於病態自戀的現代理論。克萊因認為自戀者將自己的自身完全投射到他所關注的客體上，並認為自己與客體是結合在一起的；自戀者有極具理想化的自身形象和拒絕外界對這一形象的詆毀；自戀的客體關係是一種自我情感保護的機制，因此自戀是死亡本能最初在精神的表達。

　　到了 1978 年，美國心理學家海因茲‧科胡特（Heinz Kohut）的著作被認為是分析自戀問題的聖經。他認為自戀型人格的主要表現有：

i. 一體化的自我、客體關係，把客體當作自身的一部分；
ii. 無所不能的自身；
iii. 對讚美有無限的需要；
iv. 缺乏同情能力。

　　同時，他又認為心理發育是由自戀與客體關係這兩方面開展的。母親對小孩的照顧表現為允許小孩原始的無所不能的自我；當小孩的自尊和自信日漸形成，會開始懂得區分哪些是幻象哪些是真實。到長大成人後，殘留的不滿足的原始需要便會開始侵蝕正常的自我來補償不滿。

3——自我保衛機制

　　自我保衛機制（defense mechanism），本來是佛洛伊德心理體系中的一個觀念。它意指一些人自我封閉起來，對他人的意見作出機械性的反駁，而且內心總認為他人錯誤，甚至認為一切不同己見者都是錯誤的。在反駁的活動中，他得以保衛自己。

　　我們借用佛洛伊德的觀念，引申解釋一些人的思維盲點。一位朋友性情忽然改變，隨和的他漸漸喜歡與他人辯論，但是辯論的過程每每引起他大動肝火。一次，大家討論社會政治，談到特首選舉，他認為政治人物都是卑鄙無恥的，追求政治利益的政客固然無恥，即使一些追求民主、希望為人民服務的人，也只是虛有其表，內裡還是貪求利益，一樣無恥。當其他朋友提出不同意見，認為一些追求民主的政治人物，既無實利，亦不見得將來有官宦仕途，可能並非一丘之貉；又政治是社會結構中重要的一

環，我們須容忍某些政客的權力慾時，他就動氣，認為政治就是罪惡的看法是絕對的，不容異議，否則你們就是不懂政治⋯⋯

我們發現這位朋友喜歡運用一些全稱判斷，凡事一定是如此如此的，不容有商榷餘地。另一方面，他對異議特別敏感，只要別人有不同的觀點，立即要反駁對方，要對方承認錯誤。更甚的，他的判斷因辯論而遠離了常識，為了辯論而辯論。他透過自我保衛的作用，對別人的意見充耳不聞，只求肯定他的想法；於是將客觀世界的事實都拒絕承認，完全活在自己的主觀世界之中。

自我保衛機制再嚴重化，會發展為精神分裂、精神崩潰、恐懼症、妄想狂、自閉症等等，大家可以從精神病學書籍中，獲得個案資料。一般人的自我保衛機制都比較輕微，大都表現為「自以為是」，對別人不同的意見不能包容，喜歡反駁，喜歡從反駁中反證自己的觀點等等。那些好勝心過強，或者思想封閉者，大都有自我保衛傾向；最不幸的，一旦產生自我保衛機制，對他人的意見就不能接受，不斷自以為是下去，越來越脫離現實，甚至對醫生的忠告不信任，延誤了治療的作用，直至遇上極大挫折，自我保衛的能力也破壞了，就走上崩潰之途。現實中，我們都會有一些自我保衛的行為，這種心理一旦發展成不可逆轉的精神狀態，就會演變成為精神病。佛洛伊德列舉了自我保衛心理所引起的各種異常行為表現：

1. 轉移反應（conversion reaction）──找對象分心，例如兒童不願上學，他的身體就會出現不適現象。

2. 恐懼反應（phobia）──恐懼獨處，幽閉，害怕特定的事物，例如狗、蟑螂等。

3. 否認（denial）──拒絕成長。不接受現實，例如喜歡扮演兒童的聲調、行為模式。

4. 抑鬱（depression）──精神不振，退縮。

5. 補償（compensation）──交換，例如宗教信徒以苦行來贖罪。

6. 妄想（delusion）──將不合常識的東西合理化，例如洪秀全覺得自己是耶穌的弟弟。

7. 解離反應（dissociative reaction）──幻覺，思覺失調。

8. 強迫觀念（obsessive thought）──嚴格遵守禮教儀式。

9. 強制行為（compulsive behavior）──強迫式的肢體習慣。結合強迫觀念，即成 OCD（obsessive compulsive disorder）症，例如每次喝七杯水，才能停止；緊張時，必須抽煙……

10. 壓抑（repression）──將所恐懼的東西遺忘，例如將性等同污穢，不可接近。

11. 投射（projection）──轉移向某對象，例如偶像崇拜、好名譽，權力慾等。

12. 反向（reaction formation）──心理反彈，以語言針對別人來保護自己。

13. 固執及退化（fixation & regression）──不願改變，堅

守某些生活習慣。

　　自我保衛是生命延續的機制，人與動物同樣俱有，但我們很少發現動物有嚴重的精神病態，其原因在於動物的保衛機制比較單純，僅僅為求生而服務；但人類擁有高度的抽象能力，於是二者結合，竟將恐懼、不安等感覺放大，甚至轉化為恐懼症（Phobia）、精神病態。

4 ── 對抗自己

　　我們常說青年人欠缺耐性，但是有些時候，他們卻表現特殊的堅毅刻苦。通宵輪候購買名牌環保袋、先睹《哈利波特》的結局篇……各種潮流行為現象中，有一種行為很難理解，就是人可以透過自虐來獲得自我的價值。他們割損手腳、灼傷皮膚，造成瘀傷、不畏風雨排隊，或在身體各部位釘上環扣等，還有常見的，學生因情緒而割腕，形象恐怖，讓家長擔心。一般人認為自虐或自殘行為是出於對自己生命、身體的憎恨。表面上，自殘者會故意對身體造成傷害，但重要的是，他們並非自殺、要完全毀滅它。

　　本來，生物的求生本能和人體內在機制的反射作用（reflex actions），會對肉體上的危險和疼痛產生退避的反應，以求保存肉身的完整性。荒謬的是，自殘者似乎對這些危險行為和疼痛熱

戀著迷，強迫性地重複，如酗酒者對杯中物揮之不去，彷彿裡面才是真正快樂的境地。因此，自殘被視為不正常、不合乎自然、不恰當的行為，也被認為只出現於精神病患者。從旁觀者的角度，自殘行為不但不能解決問題，而且製造更多問題。自殘者的行為及背後動機自然難以為人所明白，甚至被曲解為自殺行徑。

有關自殘行為的描述早見於古代希臘悲劇作家索弗克高斯（Sophocles）的《伊底帕斯王》。劇情慘絕人寰，伊底帕斯在的命運撥弄下，竟然在不知情的情況下，殺死了父親萊奧斯（Laius），娶了自己的母親並登上王位。事情揭發後，伊底帕斯深感內疚，為了不讓自己的眼睛看見自己的羞恥，他在母親自殺後刺盲了自己的雙眼。這反映出自殘的動機：為了宣洩那些不能控制的環境所產生的極端情緒。

其後，古希臘醫學之父，希波克拉底（Hippocrates, 460-370 B.C.）提出人可以藉著流血、起水泡、嘔吐和肚瀉等過程來淨化自身。雖然這理論得不到科學研究的明證，但也為自殘行為提出合理性；雖然，希波克拉底提出人會以種種自虐方式，讓自己承受某程度痛苦，其作用在轉移內在的不安，他的解釋在醫學上的效用及其運作機制並沒有足夠的研究實證，但這種自殘行為的保護作用，在今天有關自殘行為的精神病學研究得到印證。

直至 1938 年，美國心理學家 Karl. A. Menniger 於《人對抗自己》（*Man Against Himself*）一書發表了他突破性的研究。在

此之前，自殘被視為自殺行為，是出於人對自己的厭惡憎恨，對生命喪失盼望。Menniger 在書中首次將自殘與自殺分為兩種不同的有目的行為來分析。他指出，自殘者的行為不是以完結生命為目的；不然，他們所需要花費的行動比自殘要少得多。一個人之所以傷害自己的身體，並不是藉以表達對自己的仇恨，反而是一種保護機制。

電影《鋼琴教師》描寫自殘心理相當深刻，可幫助我們了解現代人這種異常行為。在電影中的女主角艾莉卡依戀著母親，母親一直都是她生命中的主宰；極度操控的母親，性格的扭曲，導致她自我壓縮。她沒有朋友，孤僻冷漠，她無法擺脫母親的操控，唯有在浴室自殘自己的性器官。

另一套電影《生命揸 fit 人》有同樣的情節。女主角不滿男友將她棄下不顧，於是在他面前割腕，她的男友立即回頭表示憐愛，為她包紮傷口。這正是以自殘行為作為一種溝通模式的例子。這種行為有明確的目的 —— 希望引起注意，重新掌握失去控制的人際關係。這種自殘行為有實際的原因和效用，比較容易理解。

但這種希望引起注意的行為嚴格而言不能歸類於自殘。事實上，大部分的自殘行為是在隱密的情況下進行，自殘者也傾向隱藏自己的傷痕（部分學童的割腕屬於此類）。自殘並不為達到任何外在環境的改變，反而是個人對極端情緒和壓力的過敏反應，

甚至令自殘者都感覺難以自控。

自殘與自毀行為不同，自殘行為的主要作用是使人抽離不安的感受——罪疚感、緊張、空虛、痛苦、受傷害等等。自殘者由於失去處理困難的能力，在沒有更好的方法處理困難當中所產生的壓力，自殘者只好以傷害自己的行動讓自己平靜，減低混亂的思緒，確認自己的存在。艾莉卡因無法擺脫母親的操控，在長期不安的感受當中，漸漸戀上自殘。她已經處於某種精神分離狀態，即人的肉身與心神分離，感覺到身體不屬於自己，也不會感覺到疼痛。當人不能掌握控制自身的狀態，思想上的扭曲更嚴重，她開始懷疑自己在世界上的存在，唯有在自殘時的痛感和流血的情景正好提供了證據，證實自己的身體屬於自己，完結其精神分離的狀態。這樣，自殘成為這些人在真實世界中尋找自己身份的途徑。在人心深處，總是愛護自己，而割裂感讓她無法正常去愛自己及他人。自殘癖帶領她走到從未踏足的地方，自殘的行為和留下的疤痕都有其象徵意義。例如最常見的自殘行為——割腕（鎅手）對於自殘者而言可能象徵著內心世界與外間世界之間的隔膜被突破，而流血則象徵著哭泣。對於以自殘為舒緩痛苦的人，傷口可能象徵痊癒，而傷疤則成為過去行為的印記。

《鋼琴教師》背後有一段故事。電影場景裡不斷演奏著舒伯特的樂曲，電影中的艾莉卡被塑造成擅長演奏舒伯特的音樂家。其中，選用了舒伯特的《冬之旅》組歌，無疑是這電影中的一個重要隱喻。《冬之旅》訴說：「別讓我睡著，在這入寐的時候。

我的夢已經結束，在熟睡的人群中何求？」

　　1827 年，舒伯特在貧病交迫，自覺不久人世之際，他創作了《冬之旅》組歌。其中所含的絕望與孤獨，有幾人能真正了解？無疑舒曼是他的知音。然而，了解舒伯特的舒曼，最後卻是發狂而死。艾莉卡曾提到，舒曼晚年，在他完全發瘋前的一瞬間，他恢復了正常，但那一刻，他卻因為明白自己正在喪失自我，因而痛苦無比。在母親的全面監控與規律嚴謹的古典音樂界中生存的艾莉卡，對自我喪失的痛苦，只怕比任何人都了解吧！也因而，無法掌握自我的艾莉卡，即使欣逢愛情的到來，仍依舊得不到救贖。

　　自殘的類型：割腕、燒傷皮膚、扯頭髮、撞擊頭部、剜眼、斷臂……都是自殘表現。到底是甚麼理由促使自殘者做出種種異常行為？

　　專門研究自殘行為的一位心理學家，法瓦札（A. R. Favazza）於 1998 年發表一篇名為 *The coming age of self-mutilation* 的論文，他將自殘行為（self injury，簡稱 SI）分為三大類。分類不完全取決於自殘行為的嚴重性，而在於行為的重複性、對身體傷害的直接性及背後的成因。

　　第一類自殘行為對身體造成永久性的嚴重破壞，如砍掉肢體、剜掉眼睛等，故名「重大自殘」（major self injury）。令人

咋舌的是，這類自殘者在傷害自己身體的時候只感覺很少甚至完全沒有痛楚。此類型自殘行為多數歸因於精神疾病或急性藥物中毒。可幸的是，這類自殘行為並不多見。

第二類自殘行為稱為「固定的自殘」（stereotypical self injury），常與智障、自閉症有關，表現為周期性重複的頭部碰撞、擊打、關節移位等。心理學家分析這種頭部碰撞的舉動，可能源於人希望重尋於母胎中經歷母親的心跳聲音，平穩的節奏，是一種使人平靜舒緩的感覺。

最後一類自殘行為，稱為表面自殘（superficial self injury），是最普遍的，影響心理亦最廣泛。雖然這種行為對身體造成較輕微的損害，同時卻是最缺乏研究的一種精神狀態，直至近年，心理學家才有較深入的剖析。

法瓦札將這類行為歸納為三種表現，以重複的頻密度順序為偶發性（episodic）、重複性（repetitive）及強迫性（compulsive）。對於自殘者，這些行為有舒緩緊張和釋放怨恨的作用，令人感覺到對自身能自由操控。而強迫性的作用亦在消除緊張情緒，與強迫症（obsessive-compulsive disorder，簡稱OCD）有關。自殘者會不能自控地重複著扯自己的頭髮、刺損或擦損皮膚，儼如上癮一般。

5——怨恨的愛

比較起愛，恨是成正比的另一種強烈感受。愛一個人，日日夜夜思念，恨同樣時時縈繞心頭無法解脫。恨是對愛的極端化和強化，愛和恨只是一步之遙。

跟嫉妒同樣，恨有兩類：一般的仇恨與反愛成恨之恨。別人得罪自己，或侵害我的利益，就會產生恨意，再由恨意而生報復心理。另一種的恨是愛情的反愛成恨，因愛而生恨之恨意非常複合，它是互為滲透，愛中有恨，恨中仍有愛。

當林黛玉奄奄一息躺在床上，聽著那邊笙簫管樂結婚的喜慶，而自己這邊是孤寂冷清，她心裡的恨無法言傳。林妹妹是怎麼也無法理解，那個天天纏著自己，口口聲聲說愛自己的寶玉，突然卻和另一個女人結婚。黛玉已經不需要知道寶玉和誰結婚，

僅僅是寶玉娶妻、而這妻不是自己，就必然置林黛玉於死地。林妹妹不明白寶玉結婚是「掉包計」的陷害，因此氣極而亡，恨極而死。然而黛玉的這種深切的恨的結果，僅僅是指向自己並傷害自己的，卻不會傷害到寶玉。因為「恨」的情緒，常常是因為期待而滋生，或者說是因為愛而產生。林妹妹其實在內心深處是愛極了寶玉的，但是因為女孩兒家羞於表達，也因為對自己身世門第不自信，所以心裡常常是很悲哀的。林妹妹無望的愛，曾經傷害了她的健康，而她愛而無處訴的怨，又常常無意識之間轉換成了恨，恨而不能的衝突，便成了她心頭揮之不去的痛。所以林妹妹一直是抑鬱的，病歪歪的。結果雖渺茫，但是黛玉還是懷著希望的，這渺茫的希望，便是黛玉卓越的詩書琴畫，才藝過人的源泉。然而，當黛玉因突然的變故飲恨而亡之時，客觀上她是解脫了寶玉。假如她活著，寶玉便無處安身，更無法安置自己的心。

寶玉的父親賈政好像把寶玉恨得牙癢癢的，其實卻是期望切切的深摯的愛。

比較起「敵視」，恨更多時候只是傷害了恨者自身，而對被恨者卻沒有本質上的損毀。寶玉害怕父親卻依然能夠逍遙法外，林妹妹恨寶玉不解風情卻依然對他一往情深。而敵視卻是一種完全破壞性的情緒，它可以置人於死地。寶玉的父親賈政的偏房趙姨娘，也就是賈府三小姐探春的親生母親，她為了自己兒子賈環將來的前途，一直敵視寶玉，甚至想置寶玉於死地。她請了巫婆，弄了兩個布紮的小人兒，一個寫上寶玉的名字，還有一個

是鳳姐（趙姨娘認為鳳姐也是一個趨炎附勢的小人，總是護著寶玉，所以想一併治了）。她讓巫婆在小布人心口上紮上鋼針，再讓巫婆念咒語，為的是把他們咒死。

作為一種強烈的情緒，恨雖然有時是由愛轉化而來，但這畢竟是一種負面情緒。它的功能之一是給自己一個理由，在心裡時時刻刻地牽掛對方，讓自己心理上有一個過渡，使自己漸漸平復下來。

嫉妒成狂——6

英國哲學家羅素在《幸福的追尋》（*The Conquest of Happiness,* 1930）一書中，分析人生種種不幸福的成素。其中一篇是談嫉妒的。嫉妒可以說是人類最普遍的、最根深蒂固的一種情感。即使未滿周歲的幼兒都懂得嫉妒，成人只要對一個孩子表示些微的偏愛，而對另一個稍有冷落，孩子便覺察出來，跟著耍脾氣，引起關注，或者找機會報復。一個家庭裡如果有幾個孩子，做父母的就必須對每個孩子都絕對公平，始終一貫。

兒童比較直截而公開，成人則會隱藏起嫉妒，不表露出來。事實上成人的嫉妒，更多是報復心理。羅素說：當我家的一位已婚的女傭人懷孕時，我們便讓她別提重物；這麼一來，所有女傭都不願提重物了，結果凡是需要拎的重物，都得我們自己動手。

關於嫉妒，上一章我們已有談及，這裡只想再就男女戀情

間的獨佔慾與嫉妒再思考。就像上章談及的《少年維特的煩惱》中，維特因為夏綠蒂把蛋糕先分給別人而嫉妒。嫉妒是一種獨佔，我不願意與他人分享，所以是排他的。而完善的東西是應該被分享，在該情景中，我有兄弟姐妹，我得服從於分享的成規，這才令人懊惱。

保羅的《哥林多前書》13章4節，最著名的一節：「愛是恆久忍耐，又有恩慈，愛是不自誇，不張狂，不作害羞的事，不求自己的益處，不輕易發怒，不計算人的惡，不喜歡不義，只喜歡真理，凡事包容，凡事相信，凡事盼望，凡事忍耐，愛是永不止息的。」

有趣的地方，嫉妒的本質跟保羅的說法剛好相反。戀人欠缺忍耐，充滿嫉妒；戀人不斷自誇、張狂，猜疑、不能包容，更專門做一些令人害羞的事情。我們如果認同保羅的話，那麼愛情正好否定了愛的本質：我不願意分割，我要求獨佔，我自知否定了盡善盡美的愛的本質，但卻徒呼奈何。

愛情的嫉妒差不多是無藥可救的，我只能推介雲溫達斯（Wim Wenders, 1945- ）導演的電影《德州巴黎》（Paris, Texas, 1984，臺譯《巴黎，德州》），男主角非常善妒，不能信任美麗的妻子，最後遠離家庭，片中道出嫉妒是一種自我懲罰，一發不可收拾的嫉妒，能夠摧毀自我。

我們試想想，兩人相處，到了後來，甚至連嫉妒都淡去。死寂般的沉默使另一方焦灼不安，因為這事情好像無緣無故的，讓人摸不著頭腦。對方恰如一幅陰鬱的幻景，悄然離去，了無回音，而我則竭盡全力去追逐他。嫉妒尚不至於叫人那麼痛苦，因為對方至少還是生動的。但是在冷漠中，對方好像失去了一切生機，他被黑夜吞噬了，而我的一方卻被對方遺棄了。這是雙重的遺棄：他／她的形像彷彿褪色了，面目被清除了，因為我感覺不到對方的任何回響。我找不到任何東西來支撐自己，同樣，我模仿著他，也對其他的人或物失去興致，我亦被冷漠所攫住了。

（編按：本節討論的是施／受虐的精神病態心理，而非雙方完全知情同意的虐戀及性行為。）

溺愛與操控有內在的關連。

再從母愛說起。佛洛姆分析母愛的無條件性質中，同時具有否定面，母愛不僅不需獲得，同時它根本不能夠贏取，不能夠用自己的能力使它產生出來，不能夠受到控制。於是人成長之後，為了依戀這種「親密」的關係，便轉化為操控性格。操控性格有幾種類型，它們是層層遞升，最後是心理病態的 SM，施虐與被虐的關係。

第一類：父母的溺愛

如果個人的性格成長遇上特殊的壓制，比如年幼時曾被虐

待，引致嚴重欠缺安全感，成長之後，他們往往表現為對他人不信任、欠缺關心他人的能力。當她成為母親的時候，由於嬰兒是無助的，是完全受她的意志支配的，所以很自然就成了她佔有欲的投射目標，由於缺乏安全感，她害怕會失去這種關係，就會要求絕對地控制著他們。操控型的父母往往借助對子女的愛護與照顧的偽裝來掩飾，而完全封鎖了子女尋求自由的道路。

病態的父母對子女特別無微不至，表現好像完全無私，但是無私與自私往往只隔一線。他們會對孩子表現為過分憂慮，心思完全貫注於子女身上，為他們的生活操勞、學業操心，他們細心照顧小孩，例如幫他繫鞋帶，穿衣服，表現上是關心他們；深層的，是害怕他們獨立，會離開自己。

雖然，她自以為特別愛她的孩子，實際上，她對於她所關懷的對象具有一種深刻的、被壓抑的敵意，所以她容易為了管教子女而動氣。這種過分的關心，並非由於她對孩子的愛太多，而是在補償她根本缺乏對他人的愛。他們只願將子女們如同金絲雀一樣置於在金色的籠中，願供給任何東西，就是不准飛離；對子女來說，當他們慢慢長大後，就會發現這種「愛」的恐怖。

第二類：對他人的操控

這其實是溺愛的引申。在成長的途程中，我們再難遇上母

愛般無條件的愛，人需要不斷努力，才能獲取他人的愛。它的程式表現為：「因為我有優點，所以我值得被愛。」比如我讀書勤奮，考取第一，於是得到老師稱譽；或者我有才能，為上司倚重；我長得貌美，有許多人追求……

雖然，我經過努力，真的獲得了他人的愛，但是我們立即意識到，任何有條件的愛，往往在心中留下疑慮。即是我之被愛，是由於某些條件、某些性質，而這些條件是對於他人有價值的、有吸引力的；換言之，一旦我失去了這些條件，比如我失去了專業的知識、美貌、金錢、權位等等，則我將失去他人對我的愛。於是，他們學懂了工具交換的人際關係，他們為使別人倚賴自己，表面上他很關心對方，不斷給予對方小恩小惠，甚至諂媚奉承；事實上，他是要擁有絕對的操控權，由支配別人來肯定自己，他們只不過是將別人視為工具而已。

進一步，當人能夠掌握權力，操控的要求將變本加厲。他們不只是絕對地控制別人，還要進一步去驅策他們，利用他們，甚至於瓦解他們的獨立性。他們認為一切都是工具，因為他猜測別人，一旦他不再是你的統治者或上司，你的表現將會完全兩樣。權威者會將自己的行為合理化，花盡心思去操控別人。他們會威逼利誘，包括物質與非物質的，最普遍的是以情感來操縱對方，讓對方無法對抗自己，臣服不悔。他們常常以一種善意的方式來掩飾其操控行為，他們會說：「我知道甚麼對你最好，甚麼對你最有益，所以你應當絕對的服從我，讓我來引導你。」或

者說：「因為我的各方面都是最好的，唯有我了解你，因此你只能依靠我。」

　　操控者只有當大權在握時才宣佈愛護別人。這些別人可能是他們的妻子、兒女、助手，侍從或街上的一名乞丐；只有當他自覺對他們有制限的權力時，才會對他們表現「愛」，因為他的目的在於得到回報。他也許想到自己實在太愛他們了，所以才願意去關心統屬他們；他會炫耀自己的機智才華，用物質、獎賞、愛的保證、關心照顧來收買他們，他甚至不惜一切而為他們犧牲，願意奉獻任何東西，不過，只有一樣除外——他不能讓被愛者獨立自主。

第三類：施虐者及被虐（SM）的變態行為。

　　在美國精神疾病分類，施虐與被虐症分為「虐待狂」（Sadism）和「被虐待狂」（Masochism），即是以侮辱、傷害或弄痛對方為主的性滿足者，通常都是透過鞭打、拍打，或其他引致痛苦的方式帶來性興奮，稱為虐待狂；反之以接受虐待為性滿足者，則稱為被虐待狂。操控者進一步要求徹底摧毀對方，就要在對方最私隱的地方下手。

　　虐待者從別人身體或精神的痛苦而得滿足，這是一種心理投射活動；但是有些人對於痛苦不只需要而且認為是一種享受，例

如「性變態」行為中，被虐待的一方竟接受肉體的痛楚，享受被虐的滿足。

施虐者對自己的侵害性行為，通常有兩種最常用的藉口：

第一：「我曾經受過別人的侵害，現在我不過是以牙還牙——沒有別的，我只是為了自己的傷痕而報復。」

第二：「為了防備自己或我的朋友受到傷害起見，最好的辦法就是先下手為強，先行打擊對方。」

施虐者刻意要折磨對方，包括精神與肉體兩方面，他們沉溺於看到對方痛苦，於是出現變態的虐待行為，他們透過羞辱及種種傷害的手段，目的是讓對方因自己的力量而受到折磨，填補內心的自卑感，當他們看到這種困窘侮辱的場面，竟會產生亢奮的快感。

我們常誤解施虐者是主動型人格，實則虐待狂者同樣依賴向他屈服的人，正如後者依賴他。這兩種人沒有對方都不能生活，同樣屬於被動人格（passive personality)。他們兩者只是在形式有所不同，虐待狂者發出命令、剝削、傷害和屈辱他人，而被虐狂者被他人命令、剝削、傷害和屈辱。

從精神學的角度來說，一般相信有性虐慾的人與其幼年時所受的懲罰的經驗有關。例如兒童年幼時經常被父母責打，產生恐懼，令他們會認為有性衝動也是不當行為，產生罪疚感，因而

要透過被虐打的痛楚甚或被侮辱，才得到性滿足。除了對愛的渴求，受虐者亦有被他人關注的需求。他希望能藉此擺脫孤獨，獲得人際關係，因為在被虐的過程中，施虐者必定存在。倘若受虐者常常感到自身的軟弱，自己缺少重要性，最後到了無以復加的地步，他會走到「放棄自我」的極端，其特徵是「徹底放棄自己的人格，與他人融為一體」，達成一種「自己甚麼都不是」的感覺。於是要求被虐而得到「統合」的感覺。

施虐與被虐是雙生的結合，透過強烈的性行為，在暫時的亢奮狀態當中，外在世界消失，肉體上共同結合的慾望得到滿足，就讓人產生了克服隔離的錯覺，誤以為這就是真愛。但這狂歡式的親密感，卻只是瞬間即逝的幻覺，在強烈的溫存過後，感官上的刺激消失後，才發現兩人之間的隔閡比原先的更為明顯。一刻性慾上的滿足，並未能長遠排除隔離感，反之由於親密過後的分離，令人更能察覺到彼此精神上的差距，更覺自己生之為人之孤獨。而為了填補加深的孤寂感，人們就只好再去追尋更加激烈的方式去滿足性慾，以此作逃避，因而墮進了永無休止的循環當中，根本解決不了問題。

S 是施虐症：指十八世紀法國一位侯爵叫做薩德（Sade），他在生活中喜歡對女性施加虐待，在他的作品中有大量性變態行為的描述，稱薩德現象（Sadism）。M 是指受虐症：十九世紀奧地利一小說家名叫馬索克（Masoch），他本人是一個被動虐待症病人，在他的作品裡描述了許多這類變態的性活動。因此，被動的虐待症就被命名為馬索克現象（Masochism），即受虐症。

　　人生活得不幸福的一種最重要原因，就是內心常常充滿負罪感、內疚。

　　負罪感是一種十分無益的情感，它使人陷入長期的內心折磨，造成自卑感。許多人正因為自己的不幸福，便著意於向別人提出過分的要求，這樣惡性循環下去，背負罪疚的人往往會妨礙身邊的人去享受人際間的幸福。負罪所引生的自卑，會嫉妒那些比自己優越的人。他們難於羨慕別人，他不自覺變成一個到處不受歡迎的人，他發現自己越來越孤獨，最後鬱鬱寡歡。

　　負罪感是怎樣形成的呢？羅素認為是人對良心的誤用。例如一位銀行經理經不起引誘而貪污，或一位在激情的驅使下作出越軌行為的神父。即使他們的罪行很難被人發現，他們仍會忐忑不

安，形成負罪感。因為，他們仍然希望保有社會的地位或高貴品行，更深層的，他們是害怕被發現，這時，他們就會感到自己罪惡的嚴重性。理性的人會把自己的不良行為同別人的不良行為一樣對待，看作一定環境下的行為後果。但被負罪感佔據的人，卻以逃避來迴避錯失。

負罪感常見於宗教信徒，每當個人受到誘惑作出罪惡的行為時，「良心」便會萌發，他同時經歷兩種痛苦的感受：一種叫作後悔；另一種叫作懺悔，這可以消除他的罪過。在過去，良心一直被稱為上帝的聲音。所以信徒他們所犯的罪，是無法逃離全知的神，負罪感便以懺悔的方式來補償。

實際上，「良心」一詞包含著好幾層不同的意思，其中最簡單的含義就是指擔心被發現的恐懼。我們雖然希望過著一種完全光明磊落的生活，然而，人性中總有許多空隙，人在虛弱的時候，確實很難抵抗兒童時受到的教育的暗示，所謂天理人欲，人在其間拉鋸，表裡即有差距。

現代心理學對負罪感有不同的認識，心理學家認為大多的負罪感是一種情意結（complex），負罪感的根源在於無意識層次，許多罪疚感都有童年的陰影。例如嚴苛的父母教告子女只有壞蛋才喝酒、吸煙和最高尚的品德是不相容的之類，便影響了兒童的價值觀，造成他們日後一旦吸煙、喝酒便有負罪感。事實上，嬰兒期的道德教育大多是缺乏理性基礎，例如，一個

講所謂的「粗話」的人，從理性的觀點看，就不一定比不講粗話的人更壞。

又心理學家特別強調兒童早期的性觀念發展。佛洛伊德相信兒童六至七歲時，已經牢固地樹立了犯罪和性器官的聯繫的觀念，例如兒童被灌輸錯誤的性觀念，例如性是污穢、醜陋的，其結果是，許多成年男子便認為女人對性有興趣就表示她們是淫賤、墮落；因而他們認為自己的妻子，除非她對性交表示厭惡，否則她一定是壞女人；但要是一個男子的妻子對性生活態度冷淡，他又會受本能驅使，到別處尋求本能的滿足。然而即使他一時得到了本能的滿足，這一滿足也會受到負罪感的侵害，因而他不可能從與任何一個女人的關係中 (無論是婚姻關係中還是婚外關係中) 得到幸福。

對於女性來說，性觀念的影響更嚴重，如果她受過所謂「貞潔」方面的嚴厲教育，也易出現負罪感。婚後，她與丈夫的性關係中，本能地採取退縮態度，害怕從性行為中得到任何快樂滿足。當然，現代醫學知識普及，性觀念較前開放，也較為理性，但現實上，我們仍然可以發現許多心理病人，都背負類似的負罪感。羅素列出負罪感重的人的一些表徵：

1. 自卑；
2. 凡事自詡為受害者；
3. 畏懼別人的目光；

4. 仇恨、怨懟；

5. 善妒；

6. 罪疚而禁慾。

　　無聊至其極，人就易有憂鬱情緒，嚴重的抑鬱易生自殺念頭，我們不要輕視這種淒美的眷戀。

一首禁曲，名為〈憂鬱星期天〉（Gloomy Sunday），它的歌詞如下：

秋天到了　樹葉也落下

世上的愛情都死了

風正哭著悲傷的眼淚

我的心不再盼望一個新的春天

我的淚和我的悲傷都是沒意義的

人都是無心，貪心和邪惡的

愛都死去了！

憂鬱星期天難以成眠

我活在無數的陰影中

白色小花無法把你喚醒

黑色的靈車也不能將你帶走

天使沒有把你送回的念頭

如我想跟你離去，他們會否感到憤怒

憂鬱星期天

It is autumn and the leaves are falling

All love has died on earth

The wind is weeping with sorrowful tears

My heart will never hope for a new spring again

My tears and my sorrows are all in vain

People are heartless, greedy and wicked...

Love has died!

Sunday is gloomy, my hours are slumberless

Dearest, the shadows I live with are numberless

Little white flowers will never awaken you

Not where the black coach of sorrow has taken you

Angels have no thought of ever returning you

Would they be angry if I thought of joining you

Gloomy Sunday

憂鬱星期天在陰影中度過

我和我的心決定終結一切

鮮花和禱告將帶來悲傷，我知道

不要哭泣

讓他們知道我笑著離開

死亡不是虛夢

藉此我把你愛撫

靈魂以最後一息為你祝福

憂鬱星期天

做夢，我原來只不過是在做夢

我醒來就會發現你正在我內心的深處酣眠，心愛的人！

親愛的我希望我的夢不會縈繞著你

我的心正在對你說，我曾多麼地渴望你

憂鬱的星期天

Sunday is gloomy, with shadows I spend it all

My heart and I have decided to end it all

Soon there'll be flowers and prayers

that are sad, I know

Let them not weep

Let them know that I'm glad to go

Death is no dream

For in death I'm caressing you

With the last breath of my soul I'll be blessing you

Gloomy Sunday

Dreaming, I was only dreaming

I wake and I find you asleep in the deep of my heart, dear!

Darling I hope that my dream never haunted you

My heart is telling you how much I wanted you

Gloomy Sunday

1933 年，匈牙利鋼琴家兼作曲家萊索・塞萊什（Rezső Seress, 1889-1968）與他的女友因愛情破裂而分手，他也因此陷入了絕望的低谷。在兩周後的一天，塞萊什坐在鋼琴前，突然感嘆了一句：「多麼憂鬱的星期天呀！」旋即靈感泉湧，在三十分鐘後寫下了這支〈憂鬱的星期天〉。在同年，〈憂鬱的星期天〉便由匈牙利流傳開來，風靡歐美。據說，從此這支樂曲令數以百計的人自殺。

　　在柏林，一位售貨員在謄抄〈憂鬱的星期天〉的歌譜後自縊。在羅馬，一名騎著自行車的報童在街上聽到一個乞丐在哼唱〈憂鬱的星期天〉的曲調，他居然立即停下車，把身上所有的錢都交給了乞丐，然後步行到附近的一條河邊投河自盡。在比利時，一名匈牙利青年在酒吧裡聽著一個樂隊演奏〈憂鬱的星期天〉的管弦樂，當演奏完畢後，他突然歇斯底里地叫喊起來，並取出自己的手槍飲彈自盡。在多瑙河，有許多人手持著〈憂鬱的星期天〉的樂譜或歌詞投河自盡，其中年紀最小的只有 14 歲。紐約一名女打字員，因爲好奇心借了一張〈憂鬱的星期天〉的唱片回家聽，翌日人們發現她在住所內煤氣中毒而死。她在遺書中寫道：「我無法忍受這首的旋律，我現在只好告別人世了。〈憂鬱的星期天〉就是我的葬歌了。」在這支樂曲成名後，塞萊什的女友也服毒自殺了。

　　更具傳奇意義的是：1968 年，本曲的作者塞萊什最後也以跳樓結束了自己的生命。據說，當時年邁的他因爲怨嘆自己無

法再創作出像〈憂鬱的星期天〉這樣優秀的作品而感到極度的絕望。

由於〈憂鬱的星期天〉的負面影響對聽者具有極為消極的心理暗示，1944 年英國廣播公司最先決定禁播它，直至 2002 年。隨後美國、法國和西班牙等國的電臺也紛紛效仿 BBC。多國的電臺還召開了一個特別會議，決議是在歐美聯合抵制〈憂鬱的星期天〉，據說自殺案發率果然因此下降了許多。

第三章

輕不著地的空虛至沉重的絕望

▋*絕望蔓延的時代——1*

　　本書整理於 2024 年初，烏克蘭戰爭已經戰鬥了兩年，以色列、哈馬斯衝突仍然無法和解。有統計說，地球現正有十三處地區發生衝突：土耳其、索馬利亞、胡塞武裝、敘利亞、黎巴嫩、蘇丹、緬甸、委內瑞拉……雖然，戰爭的沉重感好像距離我們很遠。另一邊的世界，或者我們身處的社會，已經享受現代化的好處，現代社會的法律制度、交通資訊、醫療體制、科技文明都較以前進步。不過我們試換一個視點問：我們活得較前人更為幸福嗎？

　　其實，我們並不感到戰爭的沉重，但我們活在無力感的狀態。失缺迫切的生活謀生問題，我們獲得了存在的自由，例如我可以辭去工作，到歐洲旅行三個月，我可以放下愛情的追求，到寺院裡禪修，我更可以將自我收藏起來，以宅男自居……現在的自由，對許多人來說，它已成為一種威脅，因為自由可以讓人陷

入不確定中，一份輕鬆，卻是不能承擔得起的輕擔——我要怎樣活下去？於是，人有意無意間將自我削平，混入一般人的生活模式中，逃避真實的自我。因此即使遇上政治的壓迫，留下來的人，心裡卻安慰自己，不會再差下去。當政府取消買賣樓宇的辣招，大家又蠢蠢欲動，恐怕「執輸行頭，慘過敗家」。我們成為了「一般人」。

「一般人」不是指某個人，沒有人稱自己為一般人的。它是一種生命存在的樣態，人活在不自覺的狀態，營營役役中工作；為些微利益拼個你死我活；他投閒置散，無所事事；或者，他自以為是，對任何問題都予絕對的論斷⋯⋯最重要的，他不斷逃避自由，就成了一般人。「一般人」喜歡交談，交談中卻很少有真正的溝通，卻又不會讓交談停頓；大家總是泛泛而談，爭相發表議論，不斷作自以為是的表達，言談中無法領會聆聽的可貴。「一般人」每天趨鶩新奇，無所事事之餘，況且一切看來已經是熟悉而可理解，他們唯有向外窺探新奇新鮮的事物，不斷從某一新奇對象轉移至另一新奇對象，以保持一種熱烘烘的新鮮感，以引發自己的興趣。「一般人」必須將自己納入穩妥的日常生活中。日常生活的特徵就是規律性，朝九晚五的上班下班，星期天上茶樓「飲茶」，假日擠到機場出遊⋯⋯規律性是周而復始地運轉，逐漸引生穩定性。平穩性的特質就是習以為常，一切看起來都是如此熟稔，如此明明白白，一般人開始進入一種平均狀態（averageness）之中。

平均狀態即是削平大家的差異性，混同彼我，最後為著保持人我一致而喪失了自我的面目。海德格特別重視語言現象，在平均狀態中，大家都以閒話的方式交談，以一種平均而可理解的方式泛泛而談。語言被荒廢，言不及義的交往，讓大家陷入一種含糊化（ambiguous）之中。

　　含糊化的具體表現為游離狀態。游離狀態描述人與人的交往狀況。人之在世，並非孤離自存，必恃與外物、他人交往。交往的過程中，利用厚生，促進生活質素，而人亦可以互相欣賞、互相感通而成為知己，這是正面的；但依從平均狀態、好奇狀態而形成的人際關係，人我之間卻構成疏離的深淵。

　　米蘭‧昆德拉（Milan Kundera, 1929-2023）在小說《生命中不能承受之輕》[1]中，提到自由對生活在自由社會跟生活在極權社會的人來說，完全是兩個不同的詞彙。他是捷克人，經歷過失去客觀自由的痛苦，所以他自覺有資格去討論自由問題。他諷刺那些已經生活在自由社會的人，往往遺忘了過去的歷史，遺忘了人類為奮鬥自由民主而付出沉重的代價；於是我們不再珍惜自由，甚至開始逃避自由。這表示人雖然擁有客觀的自由，卻不一定能承擔得起自我抉擇的自由，我們不一定能自覺地主宰自由去生活，原因在於人之存在，有升晉亦有沉淪。

1　《生命中不能承受之輕》是捷克裔法國作家米蘭‧昆德拉（Milan Kundera）於1984 年所寫的著名小說，以「布拉格之春」為背景，以愛情故事探討政治、文化、人類生命的省思與嘲諷。

自我消耗的絕望

百多年前，丹麥哲人齊克果在《病至於死》（*The Sickness Unto Death*, 1849）一書中的開篇就說：「我們這個時代，在本質上，乃是一個沒有熱情，只重理解思想的時代，有時亦發出熱忱，但轉眼又如點鼠般歸於緘默」⋯⋯

書名《病至於死》是要道出現代人獨有的孤寂感。一般的病，是有病癒的時候，但有一種稱為「絕望」的病，它好像沒有痊癒的一天，生命不斷沉浸於耗散之中，平日的笑語、歡愉、親和的生活，全都星散撤離了。它是一種哀、一種愁，最後慢慢從所憂鬱的對象中剝落，心靈逐漸往下沉，蜷伏起來。蜷伏、心倦、麻木仍是方便形容之，其間只有箇中人幻化於無可奈何之中，憂鬱情緒轉渡至絕望。

齊克果嘗試界定絕望：「絕望是不願面對自己的一種自我消耗行為」。絕望的人最害怕的是面對自己。他從抑鬱中，對外面的世界失去了興趣，於是透過分心來消耗自己，例如酗酒、賭博、吸毒來麻醉自己；可是，他總有些時候從麻醉中醒來，於是自我就必須面對空洞的自己，他只得退回消耗自己的循環之中⋯⋯這是絕望感的起點。

絕望的類型——2

　　一般來說，絕望的情緒是心理學範圍，不過齊克果卻認為，絕望感是人性中特有的現象，動物面對死亡威脅，只懂得掙扎，很少有絕望感；但是人類即使生活富裕，位高權重，絕望的情緒也可以瀰漫而至，所以齊克果認為絕望感是屬於人類特有的表現；雖然它是負面（negative）的，但也象徵人類擁有這種特殊的想像能力，或一種特殊的自我錯誤關係。齊克果的《病至於死》，內容相當深刻，也是存在主義著作中，我認為特別具有一種生命哲學意味的作品。我們一步步分析到絕望形態及內容後，再轉入討論關於意義的問題。從意義的問題裡，我們再談論生命如何消融或解決自己對死亡的掛慮。接下來的問題會比較深刻，討論了這麼多負面東西後，我希望能慢慢談及出路。

　　但在討論出路前，讓我們先深入了解所謂絕望問題。這是上

次提到的,齊克果的「Fear and Dread」,我們試試從哲學方式分析絕望。如果不以哲學方式,之前提及以情緒角度切入,那部分是較易理解的。但有時有些問題確實是哲學問題,是很深層的問題,不是想像中幾句話就可解決,例如,絕望是甚麼?是了無生機,對這個世界失望,或是因為失戀,那都是一種表象,是令你自殺的原因,或一種機遇。但人為何會絕望呢?這點我希望大家可以試試深刻反省。

—— 欠缺必然性之絕望:虛無

絕望從分析上可分成兩個類型,一種是「Despair of being without necessity」,沒有必然性的絕望;另一種是「Despair of being without possibility」,通常我們說絕望都是指這類型,覺得沒有希望,例如我有癌症,很怕痛,於是結束自己的生命,因為我沒機會再生存下去,又承受了那麼多痛苦,很多人都是這種形式。「without possibility」就是之前提到的失序型,面對失業、面對戰爭,沒法捱過去,社會太艱難,剛提到的幾種大部分都是這一類,覺得沒有可能性,認為自己沒辦法再承擔起這世界。

但另一種較新奇的是沒有必然性的絕望(Despair of being without necessity),我們稱其為虛無主義,即覺得找不到生存下去的理由,找不到理由,覺得人生不過如夢。亦即在其感受中,

生命找不到任何有意義的事物。如此想來，你找不到一個足以支撐你、令你覺得人生有意義的東西，就是意義的失落。

「without possibility」是有對象性的，往往是我們遭遇一個處境，有些人為甚麼跳樓？因為他借下很多債務，覺得無法償還，沒有辦法，太羞愧了，唯有去死。這種情形就是「without possibility」，因為他還不起債務，若要破產又覺得沒面目面對其他人。又或是，有些人像之前說的，得了重病，一直被折磨，覺得沒法好起來，而且害怕痛苦；這是較易明白的，雖然都一樣可憐，但「without necessity」就很哲學性。

原來我們大部分人，都會慢慢墮入這種情況，覺得世界有我、沒我也無分別，認為我的存在，到頭來也一場空，那種無常感很強，覺得世界一切都沒有意義。這種就是「without necessity」，能理解嗎？

——失去自我的絕望

而「沒有必然的絕望」又有三種型態；前說的「without possibility」就簡化一點，即一般因為人們找不到出路和其他可能性，覺得絕望，肯定自己處於絕望；第二種則是心路歷程，是一種更大的絕境。它分成三個類型，第一類型是「失去自我」，英文是「Despair of losing oneself」，普通解釋就是自我形象低

落，但這是嚴重得感覺自己沒有意義；我常強調的「意義」，意思是我在別人眼中沒任何地位，這屬於「self identity」，而我的存在不過是偶然。即是說我來到這世界，特別是無家可歸者，會自覺身處一種很漂泊的狀態。

於是這情況下，「我」平常透過投入眾人，即「one like many」，例如大家一起買東西，大家做甚麼我就做甚麼，我不思考自己的生活，純粹投入眾人之中，成為「one like many」，即眾人中的一個。這種自我失落感（losing oneself）意味自我形象逐漸低落，開始懷疑自己的存在。我認為這類型很普遍，大部分人都存在這問題。他有了無力感，處於失去自我的形態下，我們就稱它為了無生趣。

── 「不願有我」的絕望

第二類型，不願有我（Despair of having oneself），這很微妙。當人發覺做任何抉擇都會引起紛爭，即左右做人難，皆因「我」的存在，「我」成為磨心。較易明白的處境是，例如一個男性，他很愛母親，又很愛太太，但母親和太太很多紛爭，順得哥情失嫂意；即使他勸太太或母親也沒有辦法，每個人都要求他跟從自己的做法，於是這種壓迫感令他撕裂。他兩者都愛，但兩者都因自己而發生糾紛，這些是較普遍的。自我作出抉擇時，他會感覺到自己承擔不起抉擇。「having oneself」的意思指，

因我沒法承擔自身處境,在這形態下他往往逃避,去賭博。例如你會見到一些家庭不愉快的男性特別多,女性也有,就是去澳門賭博,或吸毒。這被稱為逃避自由型態。逃避自由型態中,一般人,例如一個年輕人,家庭非常不和諧,父母不斷爭吵,他可以選擇麻木,冷漠地漠視一切;但在另一方式裡,他也很需要愛情,不論男性或女性,每個人青春期時都想求偶。但這種狂熱燃燒的愛情,見到誰都喜歡上,其實是一種逃避。

不是為了選擇他的「partner」(伴侶),而是為了選擇離開自己的家庭。這在女性中很常出現,她們很多時候在家中缺乏被愛,甚至彼此爭執,便想盡早結婚,認為是逃出生天。這種就是「having oneself」,覺得自己很沉重,覺得自己無能為力。

第一種「失去自我的絕望」是純粹自我中心,因為自戀,或因為自己的孤獨感而令自己失落。這類型很多時候選擇跟隨他人,但跟下去又發覺自己變得毫無面目,而失去自我,覺得自己沒存在意義。這種方式會在他要抉擇、承擔時產生,有時會自暴自棄,有時無所事事,躺平族就存在這問題。躺平族當然對社會有不滿,但更深層看,他覺得承擔自己或工作之類太不愉快,寧願躺平,甚麼都不做。有些人可能因此找到出路,例如他到網上編寫程式、寫遊戲,但大部分人似乎是無所事事、閒閒散散那一種。到某個階段他甚麼都不承擔,不理父母,不理兄弟姊妹。

一些較有趣的宗教，或稱作邪教，特別吸引這種類型。因為邪教的特點是要求信眾把一切奉獻給祂，因而信眾感覺被承擔了，突然間出現很多兄弟姊妹，都很愛你；突然間住進一些公社，大家好像互相相愛，獲得前所未有的關懷，於是你就會投入進去。

　　這種宗教在西方特別多，韓國也有很多，很多非正統的宗教也這樣。正統宗教以團契形式給予支持，但非正統的，或我們稱為邪教的，最大特點是祂要求你全盤否定自己，完全放棄你自己，而希望你完全服從教主的話，甚至進行一些很危險的事，令你好像還有一種功能；所以這種「不願有我」的絕望，往往就是放棄自己。

── 人能逃避自我嗎？

　　承擔不起自己時，很多時候，人表現出來就是這種分心方式，分心會讓我們的自我得到寄託，例如不斷去旅行，不斷消費。消費有時有一種滿足感，你打開那些禮物時，好像有一種新鮮感，但你發覺那其實是一種惡性循環，你不是從那些物品裡得到滿足，反而感到很勞累，不斷追逐但不知道在追逐甚麼。較富有的人往往以這種方式消費，稱作購物狂。

　　購物狂不是因為他需要很多東西，而是他不知道自己需要甚

麼，因此不斷尋找新奇事物，在購買中，好像找到一些需要的東西。例如他可能已擁有二十個 LV、Gucci 手袋，但仍要購買。他們買東西時，有一種很有趣的現象，例如某個系列有四種顏色，他已買了三種顏色，紅、黃、藍，但還欠一個白色，那就會為了獲得，甚至會想到要否去巴黎購買白色款呢？我記得有些有錢人，可能在香港買不到某些名牌版本，就特地去到巴黎，為了讓自己好像擁有一個目的。

其實這些情形，是一種消磨時間（Kill Time），我們平常太空閒時，需要找到一件事去完成，我就要為買到第四種顏色，專程去一趟巴黎，好像為自己找到目標。那十幾天很忙碌，要到處去尋找。收集這回事，如我剛才說，很多時候我們想圓滿化一些東西，這些圓滿化的東西，有時候是為了填補空虛，當然有時是一種嗜好，例如集郵或收集一些火柴盒，這些都無可厚非，但有些人是不顧一切地，在任何情況都要找到它，這時候他的內心是一種空虛。當然這個講法未必準確。

冒險這種方式，是透過外在刺激，當然不是必然這樣，有些人是真的喜歡冒險，或喜歡挑戰自己，但「having oneself」，即沒有辦法承擔自己，有時會用這方式找到一種重量感，覺得自己也都不錯，都能這樣超越自身。最後這些吸毒、酗酒、沉迷遊戲，就是自我逃避。

── 因覺醒而產生的絕望

　　我們盡快進入思考絕望感的深層結構。最後一種是不能承擔起自我（Despair of unbearable being oneself），這就比較複雜。複雜在於，他突然間認為自己醒覺了，最初是遊戲人間，或覺得人生如夢，玩玩算了，但當他在某種情況下醒覺，原來我在荒廢生命，並意識到自身有很多責任，甚至感動於父母的辛勞，或意識到父親可能重病或其他事情，意味著他很想承擔自己，但承擔不起，因而陷入極大的艱難裡。中國人以前說「忠孝不能兩全」也算是提出這個問題。

　　大家思考一下，佛教說 Karma，業。有時人們想把事件做得很好，有別於剛才的自我放棄，以及覺得人生沒有意義，這種是正因拚命去找人生意義，他甚至努力實踐自己的意義，但發覺自己無法達到。譬如有些民運人士，他想拯救一個民族，但他確實毫無辦法，於是承擔不起這種理想性，甚至覺得這社會已再沒法被拯救。你記不記得反送中運動時，有人在金鐘跳樓，這種情形下，他當然可說是想做個烈士，但有時可能是覺得個人做不到任何事，只能自毀。這種情形下很難分析，究竟這是一種更偉大的勇氣，還是生無可戀的一種藉口，這很難說。

——容受苦難的理由

我們用尼采的話作些總結：當你找到存活的理由，任何艱難都可以忍受（He who has a why to live, can bear with almost any how）。但這個「why」是甚麼呢？你看梵谷（Vincent van Gogh），活得很痛苦，但就是創作令他生存下去，他找到一個「why」。有些人找到宗教，有些人找到愛情，這個「why」令他可以存活下去。

但這說法存在危機，危機在哪裡？危機是我們以為這世界存在某樣東西，只不過暫時找不到，所以我們不斷拚命去找。有些人認為是賺錢，有些是名譽，有些是權力。這些「why」其實是在於，你認為這世界有一樣東西，特別是一些權力慾很強的人，你看看一些政治人物，他覺得自己在拯救世界，甚至是管理所有人和事，以顯露自己的權力感。他認為這東西就是支撐他的點，一旦沒人理會他，他就會失落。

但這世界是否一定存在這種東西？特別是一些人喜歡說，例如愛情，只不過是我找不到那個真命天子（right one），談過幾次戀愛都非常失望，或是自己表現得不好，或是對方不適合我，這代表他認為這世界一定有另一半（another half）存在，只要找到，生命就有意義。

很多人都寄託於愛情，到了我這年紀，我覺得存在一定危

機。以為這世界真的有「another half」的想法，其實是一個危機。這不單止是浪漫化，而是忽略人本身的性格問題，你很可能是不懂得愛人，你感到寂寞難耐，而不是缺乏愛情，而是缺乏一個伙伴（partner）。這又回到人生意義問題，或者我們認識一下人生的荒謬感，看看能否認識絕望感的本質。

絕望的本質 —— 3

最深層的絕望是病至於死（sickness unto death）。這是齊克果的分析，這一篇文章對我有很大影響，它討論瀕向死亡的絕望。為甚麼情緒到某個階段就會產生絕望感？

某程度上我不曾試過很絕望，當然我也會情緒低落，但還沒到達這階段。但我曾遇過很多同學或朋友，他們想到自殺、覺得人生了無意義，即使他們有一份很好的工作。有一個例子，我有一位朋友的女兒剛考上中文大學修讀物理系，成績非常好，但一年級時，某天跳樓自殺。大家一直無法理解，她很聰明，也擁有家庭溫暖。自殺這件事對很多人來說也難以理解，我想嘗試探討一下這問題，為何會有絕望感？

「病至於死」與疾病不一樣，因為疾病是有原因及結果的，

例如你感染肺炎，很不舒服，但醫治後可康復，這是所謂「有結果」，要麼康復、要麼死亡，有一種前因後果。而絕望在齊克果的分析中，絕望是因為我們不能接受自己，是我們對自身的厭棄。這是一個關鍵，人為甚麼會厭棄自己？表面上是厭棄生活或其他事情，但說到底也是在厭棄自己，這就是絕望意味的問題。至於「意義的出路」這部分，我認為 Viktor Frankl（維克多·弗蘭克）的說法是其中一種模式，但不表示這是唯一，因為他也有宗教信仰的支持。他在集中營的整個經歷，雖然也有涉及宗教信仰的問題，但我認為他找到一種「尋求意義的意志」，找到生存意志（will to live），或說是求意義的意志（will to meaning）。就先談這幾個部分。

第一部分，我們先看一下自殺的類型，這較為知識性。另一方面，如果大家多關懷、多留意身邊的人，你也可能幫助其他人，他為甚麼會自殺？有時會存在跡象或警號。這些都較為知識性，現在和大家看看。涂爾幹（Emile Durkheim, 1858-1917）是一位法國的社會學家，他從宏觀社會學（Macrosociology）去解釋自殺行為。他分析在不同時期、來自不同國家的數據；並認為自殺是一種社會現象，並有四至五種不同的類型。

我們一般都使用他的《自殺論》（*Le suicide:etude de sociologie*）為經典但我們會多加補充。自殺的定義是：由自己完成，並明知會產生這種結果的某種積極或消極的行動，它未必全是消極的，直接或間接地引致死亡，便稱為「自殺」。意即你知

道這行動會導致自己死亡，不論積極或消極。有些行動近乎「犧牲」，這一種就是積極的；消極的則覺得生無可戀。這是第一種自殺類型的定義，叫作自我中心式（Egoistic），有很多不同的中文翻譯，這裡稱為「自我本位型」。

「自我本位型」即自殺者感覺孤獨，純粹覺得 isolation（被孤立），覺得沒人關心自己，這情況最明顯出現在一些獨居老人身上。其身體機能慢慢衰退，又自覺沒有用處，而且，即使是有子女的老人，我們也不知道為甚麼有時子女 —— 或許受父母影響 —— 到某個階段就完全不理會父母，在外國居住多年也完全不回家探望，亦杳無音信。我看過很多這種例子，究竟是父母與子女的成長過程中產生問題，還是子女真的如此冷漠，完全沒法對老人生出感懷的心呢？這種情況我自己也不太明白。但在現實中，這種「自我本位型」的自殺是相當可憐的，老而孤獨，又很寂寞。

有些人是因為一種所謂的自閉性，有說法指出這是一種「對抗」；原本人有一種合群的基因，因為人這種動物必須群居才能生存下去，若是獨居，我們基本上生存不了。既然人類已有幾百萬年的群居經驗，那為甚麼人會孤獨呢？有時，其中一種是反社會人格，偶爾人會出現這樣的問題，覺得整個世界都沒有意義，或覺得人生本身就是空洞的，到頭來也是一場空。這種情況我們也稱之為自我本位型（Egoistic），意指如果性格過於孤僻，完全沒有朋友，甚至對任何朋友也沒興趣，那就要小心一點，這種

情況會導致自我形象低落，慢慢產生一種自毀傾向。這類的自殺現象是由於個人與社區，甚至整個社會的關係非常疏離。這類人認為他們與其他人分割，並斷絕所有與人接觸、交往的機會。而這種情況令他們無法在社會中繼續正常地生存下去。這類自殺在對外戰爭或在政治、家庭氣氛濃厚的社會中發生的機會較低，但已離婚或無子女的人則比例較高。

第二種自殺類型是失序型（Anomic）。「失序型」是指社會不穩定，例如 SARS 疫情時，2003 年的香港也出現這樣的問題，自殺率似乎突然飆升；1929 年美國經歷經濟大蕭條時也出現過這種「失序型」。當時大家都失業了，失業的人除了在經濟、生活上很艱難外，更是特別覺得自己失去作用，「我為甚麼這麼沒用」，出現這情況的男性比例也特別多。當他回到家裡，看到自己的太太沒米做飯，子女一直在哭，這情況下除了自我形象低落外，也會自覺對家庭有愧，覺得自己對他們造成太多負累，因此會產生這一種失序型自殺。在失業人口飆升、暴亂、戰爭下，有人抵受不了那種危機感，會產生自殺現象。在香港暫時還未看到這種趨勢，但也瀰漫了很多悲觀意識，一種悲觀的情調。從「失序型」可以理解到，這反映了整個社會的環境失去了穩定性。

其中失序型的自殺最值得我們思考。涂爾幹認為這類自殺的原因主要是社會與個人關係急遽改變所致，人是求安穩的，被動的，不能承受過度的衝擊；而佛洛伊德則認為自殺對他來說是一種主動的侵略行為，人性中的本我（id）就有自毀的因子。。

這類自殺行為可能由於個人與社會的關係產生某些突然變化而導致。誘因可以與一連串的喪失有關，例如：失去工作、親人、遭遇巨變而帶來的孤獨、社交的隔離等。

我們之後會看一些數據，其實中國內地還有一種「失序型」，幾乎算是「報復型」；這種自殺類型有一些大家都知道的例子，例如有人駕著一輛寶馬（BMW）在行人過馬路時撞向二十多人，結果有五人死亡、五人受傷。這種報復社會式的自殺類型，多是覺得社會沒有公義，於是這種自殺帶有一種憤怒感；普通的自殺都是一種哀傷感、憂愁感，「自我本位型」就是這樣；但當社會失序時會出現兩種形態，一種是覺得自己沒用，如剛才提到的失業者，另一種就覺得社會不公義，例如自己被公安欺負，或本來生活不錯、擁有資產，但被他人搶奪，面對這種搶奪又無能為力的人，最後只能夠報復社會。這情況是很可惜的，一個社會表面上非常繁榮，但其實有很多這種「反社會人格」，從而產生這種形態。

第三個類型是「利他型」。「利他型」，Altruistic，是指一些民族情緒或宗教情懷，例如 911 時，飛機撞到世界貿易中心。這種形態下，對於劫機的自殺者而言，便是一種「利他型」，他獻身於伊斯蘭教。當然我們可以分析說其動機本身是很狹隘的，但在這類形態下，常會存在一些爭議，例如我們曾提過日本的「神風特攻隊」，他們就是用這種方式保衛國土。從他們的角度來看，自己是個英雄；但另一方面這種殉難也是很悲慘

的，因此很多「神風特攻隊」也是透過抽籤去決定，很多人都不願意去的，因為人都會有一種求生的本能。當然，站在國族角度，有四種宏大的主題會令人為了光榮（救國、保衛親人、英雄感、犧牲），或為了救贖之類，而有所謂「利他型」自縊的情況。

屈原究竟是否屬於這一類自殺？以自殺去勸諫楚懷王是否適合？這有很多爭議，我們暫不作討論。但例如文天祥，很多人就覺得他是殉節，他具備氣節。他被元朝蒙古士兵捉拿將近一年，即使不斷被勸降，但文天祥到最後仍是慷慨就義；還有史可法等等例子。西方也有很多類似人物，在戰爭時期的集體主義下，為了國族光榮不願投降而選擇自殺。

最後一種自殺類型是「宿命型」（Fatalistic），這種自殺類型認為自己沒有出路，與剛才提及的「反社會人格」有一點關係。他們覺得沒有希望，例如有些人淪為奴隸、戰犯，特別是在集中營時，待會有機會我們可以看 Viktor Frankl 所說的，在集中營生活中可看到這問題，他說明了人有時需要對抗生命中產生的、覺得人生很無聊的、認為人生就像戲劇一樣無常的荒謬感。「宿命型」往往是一些比較內斂的性格，甚至自有一套 Philosophy（哲學），像現在內地的「躺平哲學」，有人認為它也有些 Fatalistic（宿命型）的感覺，覺得在社會上沒有出路，不願意為這個社會而奮鬥，覺得自己被出賣了。當然這種形態下暫時沒看見所謂「自毀傾向」的出現，但如果長時間都處於這種

情況，這種百無聊賴、不斷躺平，是有機會產生一種「虛無主義」。當然有些人認為這可能會影響政治，甚至影響統治階層。

但在另一方面，對個體而言，在長時期的內斂生活中，例如家裡蹲等形態，有時也會出現「自毀傾向」的問題。這是種簡單的說法。也有種說法是用西西弗斯（Sisyphus）的神話來解釋。在這神話裡，我們不知道原因，一位神祇西西弗斯被詛咒要每天推石頭上山，但是石頭又會滾下去，最後徒勞無功。這種「徒勞無功」的感覺，就會令人覺得消沉，最後這位西西弗斯對自己說：「我每次推石頭上山這麼艱苦，但我仍一息尚存，當我下山的時候，我仍然是自由的，所以我踏著堅穩的腳步，重新再思考生命的意義。」當然這也是一種消極的處境。

還有一種自殺類型是「維特型」，或說是浪漫自戕（Romantic suicide），中文有時翻譯成「維達型」。這取自《少年維特的煩惱》的故事，這本小說由歌德所創作。小說很薄，這篇德文小說篇幅比較短。Werthers，維特喜歡上一個女生，名叫Charlotte，夏綠蒂，但其實這女生已跟別人訂婚，但維特對她一見鍾情。有一次夏綠蒂去找維特聊天，他就以為夏綠蒂鍾情於自己，維特一直都是單戀，一直在自作多情，每次都覺得夏綠蒂是專程來找他的，但其實夏綠蒂可能是來找其他朋友。在種種過程中，維特每次都很失落，最後他下定決心，拿起一把槍跟夏綠蒂說：「如果你不愛我，我就自殺。」結果就是維特回到自己的房間開槍自殺。

這故事影響深遠，當時的德國受這影響而形成一股歪風，很多青年因失戀而自殺，所以我們稱之為「維特型」。它就像傳染病一樣感染了許多人。像人們對自己的偶像感到失落。我們特別注意到，很多人會追韓國明星。現在的韓國差不多是亞洲自殺率最高的國家，比日本還要高。當中也有很多追星的粉絲自殺，因為他們覺得偶像可能不再關心自己，或感到失落。這一類都是「單戀型」的投射，在對方沒法回應時產生一種自戀，並在最後產生剛才提到的自我中心（Egoistic），即自己不斷唉聲嘆氣，覺得人生沒有希望，所以這種自殺類型表面上是很浪漫，但其實是一種很哀傷的「自我否定」。

自殺形態作為客觀資料，實際上反映的，是我們對自己的厭棄。表面上是你關心或愛一個人，但其實你更以自己為中心，並且不喜歡自己，於是便產生自毀傾向。

古羅馬的智者們說，自殺這行為是想對大自然進行詰問：為甚麼人生這麼痛苦？為甚麼偏偏是我？但他們認為這實驗實在太笨拙，因為這切斷了答案的可能，你死後就沒法知道自己下半生會否找到人生意義，你已斷絕了這出路。所以在討論自殺的過程中，有時給我們的感覺是，人經常想不開並非想像中那麼簡單。

如何覺識輕生的念頭——4

　　人想不開並非想像中那麼簡單，我想作較完整的回應。我們沒有近期的數據，2019 年世界衛生組織（下稱世衛）統計世界不同地區中，每 10 萬人的自殺率。歐洲每 10 萬人中，大概有 20 名女性自殺，而男性自殺率在所有工作區域中都一直偏高，只有中國內地曾在一段時期是女性偏高。那是因為城鄉化，男性到城市打工。從前女性難以出外打工，那時期的女性會留下跟婆婆一起生活。女性間常有很多鬥爭，當媳婦的丈夫不在身邊，沒有希望和出路，就買些除草藥服毒自殺。所以曾經有段時期，中國大陸女性的自殺率高於男性，但整體來說，男性的自殺率仍是較高。東南亞、歐洲人的自殺率，總體而言也是頗高的。一些地方在數據上比較樂觀，如非洲和東地中海。

── 自殺的形態

根據世衛的世界各地自殺率地圖（2019），顏色越深代表自殺率越高，俄羅斯在深色地帶，另一塊深色的是巴西，這裡是阿根廷，這一塊是埃及。對比之下中國的自殺率不算特別高。

看這列表會較清楚，這是自殺率最高的幾個國家，萊索托、圭亞那，接著是一些東歐小國及非洲國家，還有較為人熟悉的南非，這幾個國家排在前列。到下面的部分，比較熟悉的國家如俄羅斯、南韓排在第 11、12 位，之後有立陶宛、烏拉圭、哈薩克、蒙古，原來這些國家的自殺率很高。表格中的數值比例，一邊是男性，一邊是女性。俄羅斯男性是 27 人，女性是 7.23 人。

最後的表格是自殺率最低的地方，印尼、菲律賓、汶萊、土耳其、牙買加和敘利亞，戰亂中的敘利亞自殺率較低。委內瑞拉的經濟很差，但自殺率似乎不算特別高，但要注意表格取的是比例數值，所以平均下來女性的自殺率被壓得很低，男性則較高。約旦的數據也是同理。

世衛列出一些自殺的原因包括：hopelessness（失去希望）、family history（家庭歷史）、suicidal behaviour（自毀行為）、life stressors（生活壓力）、access to means（自殺手段）等等。

每年每10萬人中的自殺人數（按全球人口年齡結構進行標準化調整）

總體排名	國家或地區	年齡標準化率	男性排名	男性	女性排名	女性	男女比
1	萊索托	87.48	1	146.90	1	34.56	4.25
2	圭亞那	40.85	3	64.97	2	16.96	3.83
3	斯威士蘭	40.46	2	78.67	38	6.41	12.27
4	基里巴斯	30.56	4	53.56	9	9.45	5.67
5	密克羅尼西亞聯邦	28.99	5	44.32	5	13.21	3.36
6	蘇里南	25.89	7	41.33	6	11.79	3.51
7	南非	23.49	10	37.88	8	9.83	3.85
8	莫桑比克	23.19	6	42.56	12	8.92	4.77
9	中非	22.96	8	39.64	10	9.30	4.26
10	津巴布韋	22.63	11	37.81	3	13.64	2.77
11	俄羅斯	21.60	9	38.18	27	7.23	5.28
12	南韓	21.16	21	29.68	4	13.43	2.21
13	瓦努阿圖	20.96	14	33.10	11	9.01	3.67
14	博茨瓦納	20.22	13	35.54	21	7.79	4.56
15	立陶宛	20.15	12	36.06	44	6.18	5.83

資料來源：Age-standardized suicide rates (per 100 000 population), World Health Organisation, 2019

2019年全球的（每10萬人）的自殺率圖表： ■ > 30 ■ 20–30 ■ 15–20 ■ 10–15 ■ 5–10 ■ 0–5 ■ 無數據　　資料來源：維基百科詞條：各國自殺率列表

這裡提出一個方式，敘述有關自殺的資料——縱看會組成一個字「SAD PERSONS」——S:Sex（性別）男性；A:Age（年齡）24 歲至 44 歲，這個階段可能代表工作最艱難的時期，或到了 65 歲開始出現病痛；D:Depression（抑鬱）；接著前科（P:Previous attempt），即曾嘗試自殺；因為酗酒（E:Ethanol）逐漸情緒低落，這裡也包括經常吸毒；失去理性思維（R:Rational thinking loss）；S:Social support lacking（欠缺社交支援）即是沒有朋友；甚至慢慢有一個計劃 O:Organized plan（有組織的計劃），在這些情況裡一步步下去，計劃自己自殺、自毀；單身的（N:No spouse）、沒有結婚；（S:Sickness）身體有嚴重疾病；這些評估綜合成這個 SAD PERSONS，以助我們釐清人們在哪些傾向和情形中自殺率會較高。

——輕生訊息群

其實很多時候，我們對自我形象有一個特別要求。我想成為怎樣怎樣，我預期（expect）要這樣，但又做不到，便會失望；失望累積至某個階段，就會產生絕望。但以齊克果的說法，自殺者是想消耗自己，他不願看到自己，這是自殺者的特點，他要消滅自己，因為他討厭自己。這是自殺者的情緒，也是心理學的描述，比較容易明白，大家可以自己參考，有關失望的行為。

然後是「警號」，我們要注意自殺者的警號，他整天表示自

己一事無成、沒有希望、感到絕望、感到極度挫敗，最重要是內疚感，即整天自責，為甚麼我這麼沒用，為甚麼家庭把我養大，我卻幫不上忙，為甚麼我賺錢這麼少……一個人不斷自責，覺得自己特別可憐、特別沒用，自我形象越來越低落，便會產生自殺的危機。

還有另一種，就是剛才說的憤怒感，這是報復式的，覺得在世界上整天被欺負，覺得自己一無是處，別人待自己也不公平、一直被欺負，又或是懷才不遇。你看日本文學家太宰治，在當時他也是相當知名的成名作家，但他始終未獲頒諾貝爾獎，覺得自己的期望（Expectation）實現不了，於是不斷自殺（當然也有說他是為情自殺）。所以，特別是藝術家、文學家，有時自視過高，就會產生這種因憤怒而覺得懷才不遇，然後開始仇恨社會，仇恨其他作家。嫉妒是自殺的重要原因，並非只有自卑。自殺傾向者時時刻刻把這類問題掛在嘴邊。

接下來的例子是一些表徵，例如如果對方突然把新買的昂貴iPhone 送給你，就要小心了，接受之餘，更應注意他的情緒。自殺傾向者會一直拒絕與人溝通。儀容劇變也要注意，如果對方平常都會裝扮自己，但突然間變得不修邊幅、穿著馬虎，尤其是女性，可能完全不化妝，完全不整理任何外表，頭髮也不修剪等等。這些情形代表他開始對自我失望。

這列出了其他情緒特徵。久病厭世也是十分可憐，特別是一

些長期病患者。這是很慨悶的，想走動又動不了，很累，走幾級樓梯便氣喘，來到街上又想不出有甚麼想購買，這種情況下他一方面覺得拖累別人，這是一個藉口，另一方面又厭世；這種久病纏身在老人中特別常見。以上這些自殺的警號要多加注意。

至於有關抑鬱症，這也是值得留意的。有高達 90% 自殺個案都有躁狂和抑鬱症。對這些問題我們需思考該如何處理。這些是抑鬱症的特點：整天覺得自己一無是處、覺得沒前途沒希望、難以集中精神、常常感到疲勞⋯⋯也許我們或多或少都有一點這些徵狀，也不用太擔心。但我們要注意自己有否出現一種，覺得自己一無是處的滾動式迴圈——不斷覺得自己沒用、不斷失望，當失望和一無是處形成惡性循環時，才會產生問題，但如果只有少許自卑感，還不至於太嚴重，不用太擔心。

── 如何面向有自殺傾向者？

「幫助自殺傾向者的方法」，第一個是表達你的關心（show your care），這有個基本原則，你不是專家就不要隨便輔導別人，不要跟他說看開點、沒事之類。你可以陪伴他聊聊天。但如果你發現他真的出現一些警號，如一些自殺傾向的特徵時，最好還是替他尋找幫助的資源。香港有一些防止自殺的組織，提供心理健康訓練（Mental health training），在香港大學也有一個由香港賽馬會支持的防止自殺中心也十分著名，其他網站也有幫

助；相信臺灣比香港完善，有更多的輔助組織。

當然你盡可能嘗試聆聽他的話，這可以幫助他，Reflect what you hear （反映你所聽到的），這是聆聽的技巧。當對方說了一堆話，你不要給予一些 advices（建議），哪怕它是正面的；例如說，你這樣沒用的，不要這樣，不如你找別份工作，或不如你怎樣那樣、去賺錢之類，很多時候過多的建議會令對方感覺無力做到，因而加強其無助感，甚至無力感。

最好的方式是與他聊天，聊天時擔任一種回應（reflection）的角色，即是當對方說了一堆話後，你要找出當中的關鍵詞。例如他失戀了，說我好想念對方、我只愛對方，我不會再愛上別人了，覺得人生中就是與他天生一對，但對方竟然不愛我，覺得這世界沒了意義。那麼你聽完後，不要跟他說，「十步之內，必有芳草」，即用《詩經》的文雅式表達，找下一個吧，那個誰也很不錯呀。因為他處於自己的情緒中，是聽不入耳的。

你可以嘗試參照一些基本輔導技巧，從他的話中找出一個關鍵詞做回應（reflection）。例如他剛剛說了這麼多對方的優點，你可以反映說，「喔，你仍然很愛對方」；這句話是沒有價值判斷的，只是總結他剛才的話語，又或是，在他說了那麼多後，告訴他，「我也感覺到你失戀真的很痛苦」。把你的感受說出來，而不是給予建議。要好好記住這點，Listen 的意思是作為聆聽者（listener），我們在一些輔導上學習過，其實最困難的地方

並非有否聆聽他們，而是我們會忍不住給予對方很多意見，但如果對方在深度的抑鬱（Depression）中，你的意見他是聽不進去的，甚至會覺得被諷刺，例如安慰對方「看開一點吧」、「誰到最後都會死」之類，這會令他感覺到被諷刺，即使你以為那是安慰的說話。

請把這重點再記一次，當對方分享了很多不開心的事，例如我跟爸爸媽媽的關係很差，他們不理解我，我本來想去工作，但他們始終不同意，覺得生無可戀，但我又不能對不起父親……你聽完後可以說，「原來你對家庭還抱有一絲內疚感」，用這種回饋方法把對方說的感情內容轉化成簡單語句，表示你聽到他說的話。

還有的建議是：你不須說「你該怎麼做才是對的」，你不是要勸說他，而是你應盡可能表現關心。（Do not worry about doing or saying exactly the right thing. Your genuine interest is what is most important.）如果要真的解決那問題，大概還是需要專業人士才行，畢竟他可能有很多情意結、可能有很多家庭的糾結。

你要真心（Be Genuine），我很關心你（I am concerned about you），關於你的感受（about how you feel），這句英語指的是，我們可以多用一句「我感覺到」，不要說建議，你該這樣那樣做。嘮叨的再說一次，不要給予建議，你這樣那樣做就沒

事、換一份工作就沒有事。例如女朋友在公司工作很不開心時，男朋友很多時候都會說那你換一份工作不就好了，其實她可能未至於要換工作，只不過是受了氣，那麼你該怎樣說呢？「我覺得你真的很不開心喔」，或是「我感覺到你在工作上有很多地方都不如意」，給予一個真實描述。

接下來是如何詢問對方自殺的動機（Ask About Suicide），不要用一種衝擊或對抗的方式（be direct but non-confrontational）。這是指傾談到某個階段時，會提及「你是否想過自殺」、「你有否計劃過」等問題，但我認為這仍是頗有風險的，始終你著力於第一階段去表現一個仔細聆聽（listen carefully）的態度，這是最容易做、甚至較有效的，這是我的想法。

最後這些資料，在防止自殺中心裡有很多這類資料，「留給最愛的說話」等等，大家可以到網絡上，毋須刻意尋找，只要致電香港撒瑪利亞會或點進網絡上關於自殺求援等等網站，都應該有許多資料。這些資訊主要是知識性的，接下來的問題就會較深刻一點。討論這問題時，我希望在說過這麼多負面狀態後，能慢慢談及一些出路。但在談論出路前，我們還是要深入了解所謂絕望的問題。

▋人生為何充滿荒謬感？——5

（編按：本節陶國璋與哲學學者吳啟超對談。吳啟超，曾任香港中文大學哲學系高級講師，現為臺灣政治大學哲學系助理教授。）

陶：談到人生意義的問題時反應熱烈，我和吳啟超想繼續討論。對於這問題，存在主義者卡繆指出，人生意義根本就沒有意義。沒有意義是甚麼意思？他提出一種概念叫「荒謬感」。哲學家卡繆說荒謬有兩種，一種是偶然的荒謬，一種是必然的荒謬。偶然的荒謬是指這世界好像甚麼都不確定，一切都像碰巧似的，隨機就會發財、死亡，因而產生一種荒謬感；我們反而較少留意另一種「必然的荒謬感」，就是甚麼都已被決定，沒有任何選擇，沒有任何機遇，差不多都被命定了，這也會產生荒謬感。所以我們先討論一下，其實荒謬是怎樣出現的？

吳：我是小時候，最初從母親口中接觸到「荒謬」這詞語。看電視劇時，她常說「荒謬！怎麼可能她想騙你錢，你這樣都看不出？」她覺得劇情不合理時，就會說荒謬。

也是源自我的父母，他們常在辛勞工作一整天後，躺上床睡覺前，伸個懶腰說，做人也不知道是為了甚麼。現在當我們討論甚麼叫荒謬時，我就會回想起的兩個情境。

── 荒謬：一切都不知為了甚麼

陶：我們突然對人生有一種質疑，突然間好像找不到理由，這是其中一種荒謬；但卡繆這名存在主義者，這位小說家對「荒謬」有一個比較深刻的描述。他說當納粹黨將幾百萬猶太人送去毒氣室毒死，那些猶太人都有宗教信仰，都在那裡呼天搶地，卻沒有任何回應。他說當這個世界出現一件非常不公義，或是非常悲劇的事情，但現實卻表現得非常沉默 ── 這是對應於西方宗教信仰，一切背後總有全知全能全善的神，為我們的世界做出最公平的安排 ── 但是當這些巨大悲劇出現時，卡繆這種無神論者就提出，一切沉默，這就是荒謬性。

── 荒謬的定義：一切都不知為了甚麼？

吳：我想我可從個人角度理解你剛才所說的例子。我們做事總希望有一個意義的保證，而且我們要求這保證是頗為終極性的。譬

如，我知道剛才吃午飯是為了甚麼，我當然知道我吃飯的行為意義，因為我要飽腹，但這不是其終極性的意義、根源或根據。那麼我吃飽是為了甚麼？為甚麼要追求溫飽？因為追求溫飽才能做事，那你又要做甚麼事呢？我研究哲學，或做學問；那做學問是為了甚麼？真有價值嗎？

我想你剛剛提到的沉默是指，當我向我的現實進行一個提問，我希望它給予我一種證成，對我現在所做之事的一種合理化的證成。但我找不到答案，這就是所謂的沉默。但我想多帶出一點，荒謬感的出現，會否與你有否參與那件事有關？譬如你現在找我合資做生意，或一起到外國流浪三個月。在實踐前，我會質疑這樣做有甚麼意義？但這不是荒謬感。荒謬感的出現很可能是你已置身其中、參與其中，過了一段時間，才在過程中呈現。

因為今年剛好是我讀哲學的第二十年，我開始出現對讀哲學的荒謬感；讀了這麼久是為了甚麼？又不見得讓自己更快樂，又不見得讓世界更美好，但是我已投放二十年青春在學習和研究哲學上，也不知道有何意義。可否這樣解釋？就是你總要參與一件事，直到某個時間點，才會衍生荒謬感，總不會說尚未投入，就會存在荒謬感。

——荒謬的踏空感

陶：一般情況下，我們或多或少也會找到某些意義，並表現為滿足感。例如考試第一名的滿足感，或你剛才說做生意獲利，會有

滿足感，會產生一種意義。但要留意，有時候不是因為失敗而產生荒謬感，而是那件事橫梗於前，你卻沒法理解它。例如我們讀哲學，可以授課，如英文語境中的 in order to，有一種功用，會做到某些事情。但有些事是你完全想不到它的作用，甚至想不到它失敗後的意義，這種情形讓我們感覺到無力感，也由無力感引起另一種情感——到底世界能不能改變？這世界能否對應我們心中對公正或公義的要求？是否善有善報、惡有惡報？

當這些想法慢慢成熟，我們會發覺一切都在剝落，就產生了一種好像難以說清世界是甚麼的處境，同時產生距離，不了解世界為何會這樣。這就是卡繆不斷重複指出，人生在偶然和必然之間，都會產生荒謬的一個想法。

吳：你的意思是指，不是說你向來考第一名，突然有一次考了第二名，就產生荒謬感。可能是你每次都考第一名，才令你覺得荒謬。

陶：這也是其中一種。這跟柏拉圖式的愛（Platonic Love）有關係，例如一個人追求真善美，追求一個圓滿的世界。他一直很努力，但到某個階段，突然有一種踏空的感覺，為甚麼我在畫畫？我作曲是為了甚麼？這種自我反省，用卡繆的說法，很可能是由於我們一直認為這世界是有秩序、有目的的，或認為世界總是有意義、有章法、有秩序的，但當遇到這情況，如剛才提到的，為甚麼世界會出現這麼殘酷的屠殺，將猶太人這樣清洗，又或是在政治上看見很多人為名為利不惜說盡謊言，甚至是壓迫他人；這

種「到底是為了甚麼」的想法，在我們追求公義的不順利時，又會產生出荒謬感。

吳：我覺得你剛提出一個詞語是很好的，我從沒想過，就是「踏空」，對荒謬感的形容很傳神。踏空的相反就是踏實，我以前很清晰很踏實，知道自己研究哲學，寫論文和授課是為了甚麼，很踏實的感覺，正一步步向一個很有意義的目標進發，但是現在我的確有一些踏空的感覺。我想用「踏空」來形容荒謬感是非常傳神。

── 荒謬是公義的匱乏

陶：我記得你以前曾在一個講座上談伊底帕斯情意結，我覺得那是很能呼應某種荒謬感。

吳：伊底帕斯的故事是有某種荒謬感。伊底帕斯原本是某個希臘城邦的王子，但他收到一個神諭，說他將殺父娶母。一片孝心的他決定離家出走，只要離開就不會殺父娶母。怎料後來發現，他只是離開了養父母，反而正因離家出走，陰差陽錯下，他遇到真正的父親，在不知情下因為爭執殺了生父，還進入其父的城邦，娶了遺孀，成了城邦的王。當然他娶的遺孀，就是他的親生母親。後來他知道真相後，便刺瞎雙眼。這是故事的概要。

有關當中的荒謬感，我所理解的是，那些富有大美德的人，才會

承受一些非比尋常的痛苦；故事描述他很有勇氣，智勇雙全，曾經戰勝妖怪提出的謎語。他有智慧和勇氣，更是一片孝心，畢竟他大可安然待在原本的城邦當王子，靜待殺父娶母的發生。但他正因不想傷害所愛之人，才決定離家出走。他在美德上幾乎是無可挑剔的，但結果卻承受了一般人不需要承受的痛苦。

這可能是一種形態的荒謬感，說是「事與願違」可能太輕，但大概是這方向。

陶：有些詮釋是，正是他想逃避命運時，如離開自己的城邦，反而遇上生父。如果他不離開，反而沒事。為了逃避命運的撥弄，反而遇上命運，這就是所謂的事與願違，甚至是悲劇的重要成素：一個智勇雙全的人，或是一個正義的人，但犯上一些他無法承擔的罪孽或處境，便產生一種荒謬感。

所以我們大概感覺，荒謬感可能與人類對「公平」的概念有關。我們總是相信善惡終有報，甚至是恰當比例的回報。可是一旦出現不成比例的處境時，我們就開始呼天搶地，覺得這是不公平、不公義。所以荒謬感的首個階段是一種情緒的反應，就是對公義的一種要求。

如何超克無理可說的荒謬世界 ——6

（編按：本節陶國璋與哲學學者吳啟超對談。）

陶：超現實主義畫家達利（Dali）[2]有一幅畫，名字叫〈記憶的堅持〉。這畫的有趣之處在於畫中的時鐘和手錶，都疲軟地掛在物件上。有些詮釋說它是為描寫時間本身的無窮無盡性，連時鐘也跑到疲累得要掛在這裡。

當然這只是其中一種詮釋，但這幅畫的背景跟我們談論的荒謬感是有呼應的：人生無窮無盡的重複，好像永無止境地受難，於是

2　薩爾瓦多・達利（Salvador Dalí, 1904-1989），是著名的西班牙加泰隆尼亞畫家，因為其超現實主義作品而聞名，他與畢卡索和米羅一同被認為是西班牙二十世紀最有代表性的三位畫家。

我們產生了「人生有甚麼意義」、「為甚麼我們要這樣做」的疑問，甚至是無力感所喚起的荒謬感。

上半段我們想談論的是，荒謬感（出現）是在於我們有一個很重要的要求，覺得這世界應該善有善報、惡有惡報，一旦失去均衡，我們便覺得疑惑。特別是當你擁有宗教背景，認為有神來主持公義時，會詰問世界為甚麼這麼不合理？

甚至有一些人，例如一位宗教信徒突然患上癌症，他會問為甚麼我這麼信主，卻有這種報應到我身上，實在不公道。這些感受催生了一種荒謬感。這類荒謬感有很多樣態，有一個很重要的文本我們必須談論，就是《聖經》舊約《約伯記》。《約伯記》中象徵性地描述了人和神的關係，講述了那種不合理對待的問題。

——約伯從荒謬中折返

吳：《約伯記》大概是講述一個義人，名叫約伯，他在品格和道德上是無可挑剔的，就連神都出言肯定他。但此時撒旦跟上帝說，他這麼順服、這麼敬拜你，如此毫無瑕疵，怎會是毫無條件？當然是因為你給予他很多好處和幸福，要是把這些賜給他的幸福都收回，看他還會不會敬拜你？於是他的牲口、生畜都死光並家破人亡，但約伯仍然沒背離上帝；接著撒旦再挑戰上帝，說這是因為你未傷害他，你試一下傷害他，看他會不會仍順服你。上帝就決定將約伯交到撒旦手上，條件是不准殺他；於是約伯全身由頭頂到腳長滿了毒瘡，痛了七日七夜，連他妻子也叫他背棄

上帝，叫約伯別要這麼不可理喻、這麼荒謬，如我們的主題；約伯的三個朋友來探望他時，有一段很長的對話，大意是朋友總說約伯肯定是做了壞事才惡有惡報，但約伯堅持沒有，說自己一點壞事也沒有做過；此時約伯的態度有所轉變，他並非不敬上帝，而是希望自己能跟全知全能的上帝對話，希望祂給自己一個答案，為甚麼要弄得他這樣痛不欲生。

最後耶和華在旋風中出現，但也沒給他一個答案。祂劈頭就問約伯：「我立大地根基時，你在哪？」一連串排山倒海的問題：你知否雪從哪裡來，知否光從哪裡來？你有否曾在海底行走，你知否海底有多深？你有否見過某種怪獸，知否他要吃甚麼才能果腹？你知否羚羊要懷胎多少個月才會生產……這一連串問題，約伯都不懂回答，所以最後約伯謙卑地向耶和華承認自己無知，你問的我都不懂回答。

這故事也類近於我們上一節談到有關荒謬的問題。我們要求這個世界有原則，例如善有善報、有章法、有一種合理性，但真實世界可能並不如我們一廂情願的理解，可能世界是渾沌、沒有章法可言的，這都呈現出一種荒謬感。

我想約伯的故事也許更多走一步，它提供一個方向讓我們去應對、應付、甚至超克這種荒謬感。也許其背後的信息（我不是基督徒，如有誤讀我虛心受教），我本人的體會是，這故事提出的方向是，我們該否退後一步想，人類有否資格提出，要求這個世界有章法可循？我們憑甚麼說世界應該是這樣，或神就應該要這樣？如果神是要按照善有善報的原則來行事，那祂還算不算是最高的存在？那不就變成善有善報的原則才是最高的，而上帝只

是執行原則的機器？如果上帝是最高的，應該沒任何原則可以規範祂，但現在人類竟然說，世界應該善有善報，這會否是一種僭越？

所以荒謬感的催生，背後會否是人類將自我放大了。我們將自己放大，出現僭越，所以我們才會有荒謬感。當然不是說，這是應對荒謬感的唯一合理途徑，但我本人的確在《約伯記》中得到這樣一種啟發。

——人的僭越與謙卑

陶：你說的問題相當深刻。首先我們釐清一下，我們兩人都沒有宗教信仰，所以不是在傳教，但我小時候聽神父講述新約時，也有差不多的同感。新約裡有個重要故事是說，一個葡萄園園主在收割時不夠工人，於是去市集找一些人幫忙；他找了一批人在上午幫忙，到中午時，發現人手還是不夠，於是又找一批；到近黃昏時，還是不夠人手，又找了另一批，終於把人手問題解決。到傍晚時，園主發薪水，竟然發給每個人一樣的量，例如每人都獲發一枚錢幣。

我小時候聽到這裡，心裡已深覺不公平。為甚麼上午九點、中午來做事的人，竟然跟黃昏做兩三個小時就收割完成的人，是相同酬勞？記得我當時去問神父，我覺得這樣實在不公平。忘了神父是怎樣回答的，但我對他的回答並不滿意，當時我應該是九歲、十歲左右。到後來我修讀哲學系，有一次經過崇基的禮拜堂

時，突然間——當然不是因為神蹟——想通了；因為讀了《約伯書》，其中有一說是，其實《聖經》這樣做是想表達，不論是一個或兩個錢幣，都是園主給每個工人的嘉許，因為我們本身都是一無所有的。我想這就是基督宗教或這類一神教教義裡重要的一環：一種謙卑。

只要到最後說，我們根本一無所有，I am nothing，我們所擁有一切都是由神賜予的。當你能接受這點時，包括約伯覺得即使生毒瘡、任何東西的折磨也好，其實我本身的存在就是一無所有。當你接受自己一無所有時，你就能純粹地感受到，一切恩賜都是由神來的。這就是對抗荒謬的一個方法。你怎樣想？就是透過絕對的謙卑，不祈求任何東西，更不去要求善惡的回報。

——個體的放下與集體的堅持

吳：對抗荒謬的方法……我想在個人層面說也許有用，假設是我在人生的個人層面遇到順境逆境，我就提醒一下自己，不要把個人想得那麼屬害，那麼重要，我有甚麼資格要求事情必須一分耕耘一分收穫？我想在個人層次上，這是可以的；但如果去到群體生活，難道真要逆來順受嗎？如果社會不公義，難道要說這都是恩賜嗎？這樣好像有點不妥當。

陶：我相信這屬於一種「終極層面」，包括探討生死的問題。例如有一個罹患絕症的朋友，他曾信仰宗教。他突然說，因為這次

患癌，讓他感受到從前的自己太驕傲，對神不尊敬。我覺得有時候，當我們遇到一件巨大的、極限的、甚至是無理可說的事，你的絕對放下、絕對謙卑，反而能得到一種安穩，甚至是接受；所以我個人認為有時這是一種同情、一種關懷。我們願意接受一些人在臨終時進入信仰，得到放下自我的安慰。

吳：但這會否正是我剛才所說，在一個私人、個人層面可以這樣做；但我們所見的，不要只說社會上，如國際上的不公義，戰爭裡有些陣營動用化學武器，傷及平民，那些小孩子這麼無辜，難道我要無動於衷嗎？這時候可以怎樣絕對謙卑？我想在這層次的荒謬感和那種義憤，難以用絕對謙卑來把它放下。

陶：是的，我們作為研讀哲學的人有時候要有一種反省。當然我們是不斷想挽救，想這個世間有一種章法、一種秩序。甚至在最艱難時，我們要放下自我，絕對謙卑，這本身就是一種態度；但如果這種態度，是卡繆所說的人生荒謬感中，這世界顯露的沉默，對很多不公義之事，仍然沒有任何主宰或裁判者會為我們發聲，這裡就出現一個新的問題，就是關於虛無主義。

虛無主義是一個不易說清楚的問題，但從情感上來說，廣義上，他首先是一個無神論者，剛才那種方式他不可能再接受。他首先覺得這個世界是不存在神的，沒有一個絕對的公平者、大能者來主持公義，剩下的就是我們面對一個荒謬的世界。

面對荒謬的世界有很多種方式，一種是普通的享樂主義，今朝有酒今朝醉，一切就算了，人生結束就算了。但有些人仍然在思

考，所以虛無主義不是說「人生很虛無、不要做任何事情」這麼簡單，而是可以成為一個嚴肅的哲學反省，就是說：如果在沒有神的世界，我們還可以怎樣活下去。這就成為哲學意義下，對虛無主義的一個反省。

7——絕望情緒的出口

（編按：本節陶國璋與哲學學者黃沐恩對談。）

陶：我們談談一本經典著作《活出意義來》（*Men's Search for Meaning*, 1946），作者 Viktor Frankl 是位心理學家，二次大戰期間在集中營住了近四、五年。書中有個描述被認為很深刻，他說剛入集中營時，大家都不知最後會怎樣，很多人哭了；但他說渡過的第一晚，最深印象就是那張床太擠逼，睡下去根本無法轉身。一旦轉身就無法再平躺。這是他的第一個感覺。

接下來有幾個感覺他也描述得很好，他說有些人可能很快病死，當他們沒擁有甚麼意義的肯定時，就會絕望。但有些人並不用找到意義，都能夠生存。他說有個方法，叫冷漠。他怎麼冷漠呢？他講述自己親身經驗，有一次跟一名同樣被囚禁的營友聊天，期間他一直在喝湯。誰知沒多久，那人走開後，不知怎樣就死了。

他死後，有其他猶太人，所謂隊長之類，就用一個勾子，勾著死者的脖子，拖到他的身邊。作者說，我可能十分鐘前曾跟這人聊天，但看到屍體被這樣拖拽，我竟然無動於衷。

他說當離開集中營後，他開始反省，為甚麼我作為一個人可以這麼冷漠呢？由這裡開始，他開始明白一些集中營的規律。規律是甚麼呢？就是每天早上起床，所有人都會湧出去。因為你走得慢就會被打，每個人都湧往中間。另一種情況，他說集中營的幾年裡，他曾孤獨、獨處，即個人的存在大概只有三分鐘。就是當他在醫務所裡，病人剛剛和其他人出去了，他就能獨處三分鐘。他說原來這獨處的三分鐘，是這麼寧靜、這麼可貴的。

他最初還不斷發問，他希望他太太和其他子女還繼續生存。但這個寄望，時間過得越久，機會越渺茫時，他就開始出現這種變得麻木的危機。

── 面對絕望而逼自己麻木

黃：這種是很深刻的觀察。我覺得很多時候都是這樣，當我們面對痛苦時，其中一個最直接的反應就是為拒絕痛苦而讓自己麻木。其實這很符合一個演化過程，譬如動物受驚時，第一個反應不是逃走，他是保持不動，freezing（僵住），因為這是最安全的。而我們人類經歷一些悲痛或者傷痛時，最直接的反應就是切斷自己痛苦的來源。但我覺得最可怕就是，這似乎是一個方法，但這方法往往到最後帶來的反而是絕望。

最初我們能夠割離，譬如因為痛苦，我不視自己身體為我的一部分；我不再喜歡我的太太；我不再掛念我的小孩，那我就不痛苦了。但正如我們之前幾次所說，人的自我反省能力是很厲害的，甚至是一個詛咒。當你無法不自我反省時，當你決定將所有情感隔絕，變得麻木，但你的自我反省能力喚起了個人回憶時，那種痛苦感就很容易直接把你推上絕望邊緣。所以我覺得這點值得我們留意，當我們以麻木去應對某些悲痛或痛楚時，到底最終會帶領我們走到甚麼境地？

陶：人就慢慢變成像木乃伊，或是沒了生命一樣。事實上不同的人，特別是在監獄中，就會有這些問題。但 Viktor Frankl 繼續描述，這點我讀時都很感觸。他說，究竟他以怎樣的心靈，慢慢在集中營裡找到意義呢？

留意，他不是後來出營後才找到意義。出營後，他有一個描述很有趣，我們未經歷過，哪怕有時看戰爭電影也未看過。他說當那些猶太人被蘇聯軍隊所解救、解放時，獲救者是不會笑的。有些人更哭起來，大家普遍是很冷漠。他描述，直到一星期後，蘇聯士兵為他們辦一個派對，當他們開始第一次聽到音樂時，才突然間懂得哭，才懂得去跳舞。整整一個星期內，他們完全沒有感情，接下來就有些人開始報仇。

但我覺得他描寫他在集中營裡的經驗，很值得探問人生意義的人去思考。他說有一次在集中營裡，當他們做完苦工，返回集中營途中時，他經過一個路軌，路軌上有一隻烏鴉還是一隻小鳥，看著他。還有另一次，他感覺到自己的心靈開始慢慢甦醒，那是當

他在集中營內，聽到一段莫扎特的小提琴，可能是軍官的唱碟播放，他突然聽到這段音樂，突然間有一種好像甦醒的感覺。當然這不是說欣賞藝術那麼簡單。還有一些情況，他完成很辛苦的勞動，返回集中營時，他看到外面有一些炊煙，還有一些燈光。當時已是傍晚，他由是知道有些人自由活著。

他說從這幾個例子中，他竟然發覺，在這絕望的處境下，他找到一些意義。你覺得這些意義是指甚麼呢？其實是很有趣的。

── 看到他者而令我想起自己是人

黃：我可以談談關於音樂方面。為甚麼人在那麼絕望的光景下聽到莫扎特會感動？是否因為好聽？我覺得不一定是莫扎特，可能他聽到其他，一樣會有所感覺。我可以想像這種處境下，突然聽到莫扎特，給我第一個感觸就是，我感覺到人之為人的一些東西，好像從一個世界跳到另一個世界：我本身活在一個死物的世界，我處於一個只不過被利用，用完即棄的環境。但聽到莫扎特時就不同，聽到莫扎特的時候，我到達了人的世界。有人透過一些藝術，去表達他對人生的想法。

這點很重要，因為在集中營裡，沒人在乎你對人生怎樣看，也沒人在乎你將來會怎樣。但是一種藝術表現，某程度上是一種心靈交流。莫扎特透過音樂，給你傳遞了一個訊息，你透過理解他的音樂，同時明白他的心靈。我認為正是這種心靈交流，讓他出現一種感觸，原來我是人。我不可以像一個死物般任人利用，用完

即棄。我覺得這可能是他感動的地方。

陶：這一點我都很有同感，我以往讀過一些藝術理論說，藝術有種一無所說，卻又不斷訴說的能力。藝術能喚起你注意，不是告訴你有希望或其他，他沒有「所說」，不會告訴你這世界是甚麼，內容是甚麼；但另一方面藝術向你不斷「訴說」。你聽小提琴的弦音，可能是其中一種形態。

另一種形態讓我思考了很久。為甚麼當他看到一隻烏鴉時，會產生一種凝望，並對望很久。這是比較像哲學說的，有另一個存在者。雖然烏鴉不是一個人類，人在集中營不可能自由被望見。但原來有另一個生物，面向他自身時，他感覺到自己存在。這可能喚起深層的一點是，透過他者，透過另一個存在者，讓我感覺到，我是一個生命體。

黃：這個他者真的很重要，當我回憶 Viktor Frankl 的書，有一段是當他意識到這點後，他開始跟其他人聊天，並發現其他人狀態很不佳。他從可能的被動變成了主動，嘗試理解他人，幫助他人。對他而言，意義擴闊了很多。

本來是自己看到一隻烏鴉，但慢慢他發現他的對象，原來他身邊的都是人，並且是一些需要他幫助的人。他作為一個心理學家，發現能做些事時，這種意義對他的生存，對他打破自身的絕望，似乎作用很大。

—— 自己和自己的和解

陶：我回想另一套電影叫 *Cast Away*（《劫後重生》），由湯漢斯（Tom Hanks, 1956-）主演。有一個情節我很喜歡提及，就是當他在孤島上，沒有任何人，只有自己，這是一種孤獨，甚至是絕望感，因為他發現自己沒法離開這個海島。但劇情中有一段，他剛好找到一個排球。因為他受傷了，把血抹在排球上，於是把這排球稱呼為 Wilson，即排球本身的品牌。他每天就向 Wilson 說話。

當然他很明顯不是精神分裂，而是我們需要有一個能對話的對象，把自己感受到的孤獨，用這方法轉化，或投射進去。我認為這就是 Viktor Frankl 所說的，即使是一個普通如烏鴉的生物，或其他東西，對他來說都產生一種喚醒。

黃：一個有趣的發現是，我們很多時候尋求人生意義，就是希望他者賦予自身一些意義。但很多時候都不可行，因為他者哪能給自己意義？即使賦予了，那意義也未必是適合的，甚至連對方自身都找不到意義。所以我認為恰恰是相反。

其實大家都是尋求人生意義的狀態，他現在反過來說，可能要得到這種意義，不是從外在，提取一些意義回來；而是說當大家都沒有意義，不如我給出一個意義。透過這個施予（Giving）的過程，衍生出意義。當然這意義是甚麼就因人而異，但是很多時候，沒有一些意義是現成給人提取的，反而是一群孤獨的人，他們能夠互相幫助，我幫助你的過程中，我反而能建立出我的

意義。

陶：另一套電影《少年 PI 的奇幻漂流》，我覺得也是一套探求
存在意義的電影。電影多重的價值信念，一層是關於宗教，涉及
印度教、基督教。更加重要的，電影中的老虎叫 Richard Parker，
這隻老虎和 PI 的相處有一個隱喻，但我們暫不解讀它[3]。其實這
就是說，當人在絕望時，你會發覺自我有很多求生的本能，有很
多恐懼、很多情緒反應。就像我們剛才說，很多負面的東西。但
另一方面，你又存在一種所謂理性，或有一種內在的心靈要求。
最後在電影中最重要的一場：經過波濤洶湧，老虎被海浪反覆折
騰，最後筋疲力盡，Richard Parker 躺在 PI 膝蓋間，任他安撫。
我覺得這是一種調解。當然如果說穿了，Richard Parker 其實就
是 PI 自己。這其實就是自我和解，自我調和。這過程是走出絕
望的重要一步。第一，不要過於聚焦於自我，一切問題都是以自
己為中心；另一方面，試試去認識身邊的人。雖然這說法很老生
常談，但這很深層的是，當焦點放大，其中最重要的特點就是，
你重新接受自己。可能你的處境是很困難，但試試接受，慢慢會
引起一種深層的寬恕。不只寬恕別人，甚至是寬恕自己。
絕望問題涉及到生存的核心，涉及到人生的意義，所以下一章會
以哲學的方式，深入探討絕望的根源與人生的意義。

3　電影中關於 Richard Parker 與 PI 的互相陪伴，片末中年的 PI 回應來訪的記者：
「會讓我心情平靜。在這種時候，會令我想到我們同樣缺乏現實體驗。我們都在動
物園由同一個主人養大。現在我們都成了孤兒，一同面對那至尊的主。沒有 Richard
Parker，我早就活不了。對牠的恐懼令我警醒，滿足牠的需求給我生活目標。」

第四章

人生的意義

意義來自何處？——1

（編按：本節陶國璋與哲學學者黃沐恩對談。）

陶：意義問題為何不易討論呢？我們平時討論意義，很想追求一種講得清楚的定義。但我們不想定義，譬如戀愛有意義，譬如有名聲有權力就等同有意義。這說法有很多問題，因為無論求名聲、權力或金錢，只要稍為理性，都能發覺它帶有很多偶然性，甚至不能長久。先不討論這點。

說到意義，可能我們犯了一個思辨錯誤，就是把意義看成一個對象。例如我問朋友，你覺得甚麼是有意義？他說有麻將打，就有意義，沒有就沒了。或是股票升幅，就有意義，或是能打遊戲機，去派對，總之吃吃喝喝，甚麼都好。它們的特點就是一種滿足的意義，但那種意義往往是一種外在對象。黃沐恩你怎樣看？這種意義有甚麼問題呢？

——意義是由外在而來，還是內在？

黃：我覺得這件事很直接的。你問別人，為甚麼你喜歡打牌，你為甚麼喜歡賺錢，他到最後會跟你說，因為開心。但這種外在的東西，最簡單一點，像剛才陶先生所說，就是難以持久。可能有人會反駁，你只是能力不足而已，我賺錢很厲害，每餐大魚大肉都沒問題。這其實挺有趣的，我也曾在另一個場合說過一個理論，叫快樂水車。

這些外在的生活滿足品，能夠帶來快樂。但你很快就會適應，從而沒法再由此獲得快樂。你想像一下，這一餐吃魚翅，很開心。但當吃了十餐，還會否開心呢？到了第十餐，你得到的快感已經相當低，低到可能已變成痛苦。你再想像，當你要多吃一百餐，你就寧願吃白粥油條。大部分的美食，或是居住的房子，你買下一間千呎豪宅，第一天會很開心。當住到第 100 天時，你不會覺得空間很大，因為已習慣。最高的東西就是錢，想像一下，銀行存摺從一萬元變成兩萬元。對你來說，其實沒有分別，你很快就會習慣這數字。第一天還很興奮，多了一萬元，多看兩天，你已不會再獲得任何興奮的快感。所以這些外在的東西，太容易習慣，難以帶來一種長久的快樂，或是幸福。

陶：引用一些較經濟學的術語，叫 marginal utility（邊際效益），是越來越低旳。還有一個心理學理論，叫「180 日效應」，挺有趣的，意指半年內，你就會打回原型。你本來住公屋，現在發財了，住在一間豪宅，二千多呎。甚至有些朋友移民，在香港很難

想像，移民後住在四千呎的房子。但你問那些移民的朋友，大概半年後，或兩、三個月內，都適應了。他們不覺得空間特別大，不會再驚訝。我記得探望過一個親戚，家裡有七個廁所，香港人當然很驚訝，但他已習慣了，覺得沒甚麼特別。

所以適應性會使滿足感產生一種弔詭，它會自我消磨，自我抵銷，變得不再滿足。於是人就去追求新的滿足。譬如從追求性能良好的汽車，變成追求歐洲跑車，再到追求名貴房車。但這是有止境的，意思是，你始終會厭倦它。

所以對於人生意義，如果你是追求外在的對象，羅素有句話說得很好。你會被偶然擺佈。當你遇到幸運時，你會開心一陣子。但最後，可能在你適應後，譬如你看很多人住很大的空間，但你會發現哪怕對方住很大的空間，仍會很快就不再開心。當然這些是風涼話。

我們回去談意義。很多哲學家會提出，意義應該從內在而來。內在當然不是指心理上。可能有些東西，所謂「知足常樂」，這些話中有一種人生智慧，原來我們可以 re-create（重新創造）意義。意義令我們不只是開心，而是令我們覺得有意義。

── 最多人追求的情緒，是愛

黃：我補充我剛才的想法：外在東西是很偶然，很容易適應的；會否有些東西是沒那麼偶然的？或是沒那麼容易適應的？如果我們嘗試追求這些東西，它會否相對能帶來所謂長久的快樂，即是

幸福。如果你說幸福成為一種意義，我們應相對較易接受。其中一個切入點，也跟我們之前討論的情緒很不同。我們今天討論的那些嫉妒、仇恨，不是好東西。但其實情緒不是真的那麼負面，最多人追求的情緒就是愛。我覺得愛這回事，它相對而言能帶來的快樂是持久的。因為它變化多端，並能夠賦予意義。

你去愛一個人，是一件很複雜的事情。你要思考怎樣令他過得開心，怎樣令他的人生、他的生命有所進步。這有別於你怎樣去吃一頓飯，一頓飯吃完就是吃完了。但你面對一個人，人是每小時都會變化的存在。其實你是很難適應一個人的，前提是如果你真心為他的幸福著想。

所以我覺得在「愛」這層面，我們可以有很多不同層次。因為我們可以愛人，可以愛神，可以愛不同東西。而不同東西也許能為我們的生命賦予不同意義。

陶：但說到愛，又開始變得麻煩了。因為我們說生物演化，它都會解釋愛是一種人類合群的非互愛。或因為基因延續給下一代，我們會特別愛自己的下一代。這是很明顯的事實，就是「舐犢之情」。所以愛會否是一種私心、私情，或表面上偉大，但內在，其實我們都視其為一種工具？

黃：這方面，我反而較同意中國儒家的說法。確實是私心的，你愛自己的子女，怎可能不是出於私心？我愛伴侶，我愛父母，怎會不出於私心？問題是這種愛也不必就此停止，而可由此去發展，你很照顧自己的子女，那看到別人子女時，你是否一腳踢開

他？其實不會。我以前還沒有小孩子時，我對待其他小孩子很普通，不覺得特別要照顧對方，或者跟他們玩。但有了自己的小孩子後，反而學懂如何愛其他小孩子。

似乎愛是一種學習的過程，它有其演化層面，我們不需要否定。但在此基礎上，它涉及很多學習和文化塑造。我們只要將它從一點開始，而不是停在該處。我相信這種愛反而能夠為我們賦予更多意義。如果你的愛純粹停在自身家人，其他所有人都不愛的話，你能獲得的人生意義反而是相對狹窄的。

陶：所以我也想補充孟子的話，即是說你「可擴而充之，足以補四海。不能擴而充之，不足以侍父母。」這種愛的起點，相信儒家都贊成「舐犢之私」，是一種親情。正是這份親情成為了一種社會結構上的穩定性。我們愛自己的親人，愛自己的父母，由親及疏，構成一種血緣結構，這是社會結構。

但儒家說的「愛」，我想與基督教或佛教有點不同。佛教的愛是說慈悲，眾生的苦，我們需要超渡，令它解脫。基督教方面，因為神恩的愛，神愛世人所說，我們應參考耶穌的榜樣，愛我們的鄰人，因信稱義。儒家學說的其他方面，可能不及其他教派聰明，但有關「愛」的說法，我認為較豐富。儒家中的愛有「私心」，有「舐犢之私」。但另一方面，在行有餘力時，可以擴而充之，箇中竟然產生了文化文明的一種價值，即人文精神。這並不只是普通提倡民主、平等。其實人文精神背後，就是指人活在這世界裡，用某種仁，儒家說的仁、義，構成人間的網絡。這種網絡可能令我們發覺，我們不是孤獨，不是絕望的。

── 愛需要練習

黃：這點我覺得相當重要。有趣的是，我們之前也提過佛洛姆。
他的起點甚至比儒家更前。他認為愛的起點就是自愛，不僅是愛
你的小孩那麼簡單，而是愛自己。愛自己之所以重要，因為他認
為愛這件事，就像打球、游泳一樣，需要練習。你要練習愛得
多，才會愛得遠。如果你連自己都不懂愛，你是不懂愛子女，自
然也不懂愛你的鄰人。這似乎解釋了，所謂推親及疏的意義。
當我們練習「愛」到了一個程度時，就可以像陶先生那樣說，
建構一個人文世界。所謂人文世界某程度上也是一個意義的世
界。這個人與人之間的關係，能夠為我們的生命賦予不同意義。
但這件事的起點、基礎，就是在於我們要有愛的能力。這個愛的
能力，我覺得佛洛姆有趣的地方是，他不單純強調這能力是天生
的。他認為這種能力是你要不斷練習，才會變得好。我覺得在這
練習的過程中，本身其實已帶有一種意義。

陶：是的，這點讓我突然想起，就是現在香港人很喜歡養寵物，
這是一種愛的表現。佛洛姆提出，人有愛與被愛兩種關係。但
值得分析一下，其中一種是動物作為權益，是一種人文精神的
推而廣之。包括愛花、愛草，這是一個推廣。但我發覺，愛寵物
有時候存在某些心理要求。寵物本身是一個，英文叫 dependent
（依賴），就是永遠的依賴者。像小狗一樣，沒了你就不行。所
以你每次回家，小狗很樂意歡迎，很開心，你就得到一種被愛的
感覺。但我要提出一點，我們很多時候願意愛寵物，但不願意愛

人。其實這些是甚麼問題呢？

黃：簡單一點，寵物依靠你，你不需要理解牠。或你反過來覺得牠很易被理解。這是其一。其二就是你也不會期望牠理解你。你不會覺得動物需要明白你今天的苦況，但是面對一個人則不同。你面對伴侶時，你會覺得我今天做得這麼辛苦，一回到家，你還叫我做甚麼甚麼，你就覺得有問題。但反過來，你下班回到家，你要替貓咪清理糞便，給牠飼料，你沒有怨言。因為你明白，牠不會明白。所以可這樣說，這是一種便宜的，或者不成熟的愛。

陶：是的，這觀念是不成熟的愛。會否有時候所謂愛和被愛，需要一種平衡？簡單說，因為我們每個人的確都需要人認同，需要被愛。問題是我們很多時候忘記了一件事，就是怎樣去愛其他人。當然這樣說有點肉麻，像甚麼你要愛世人，要愛其他人，愛鄰人。但其實這要求在愛和被愛之間，會否存在微妙的關係？

黃：其實也會的，我覺得也是一種學習過程。你不懂愛，某程度上你也不懂得被愛。因為被愛也不是一件容易的事。大家以為被愛就是別人對自己好，其實未必是。所以在愛和被愛這兩個學習過程中，我覺得意義就在這裡彰顯出來。

陶：是的，這是挺好的道理。我們試著總結一下這個階段，當談了嫉妒、仇恨、空虛孤獨、寂寞，甚至是絕望等等，說到這些情緒時，我們往往都看到很多負面。於是我們很歌頌所謂理性，人

要很清明。但其實最後說到愛，是有一種，我們稱為人的超越性。這一點，可能就是人的意義起端。

《潛水鐘與蝴蝶》 —— 2

　　「意義」最好不要由定義去探討，理想的方式是用例子，從生活取材。我們可以閱讀幾個文本，看看人生在艱難、絕望處境中，仍然可以尋找意義，希望可給人一種鼓舞。

　　《潛水鐘與蝴蝶》[1]是雜誌《Elle》的編輯鮑比（Jean-Dominique Bauby）所寫。作者突然罹患閉鎖症候群，嚴重中風，導致全身癱瘓，只剩下頭部可以輕微活動，及保有左眼視力。這本書在 1997 年 3 月 7 日出版，而他患上閉鎖症候群是在 1996 年 12 月初，大概經過三至四個月，這段最艱難的時期，一個人失去所有活動能力，甚至鎖閉在他稱呼的「潛水鐘」內，仍然找到人生意義。雖然這書很薄，只有大概六、七十頁的內容，

1　尚・多明尼克・鮑比（Jean-Dominique Bauby）著，邱瑞鑾譯，《潛水鐘與蝴蝶》（Le Scaphandre et le Papillon）（臺北：大塊文化，1997）。

他用了幾個月時間寫，每字都是打出來，在出版後很短時間，他便去世了。這本書出版首日售出 25,000 本，一星期後更售出 150,000 本，是一個紀錄。這本書確是寫得很感人，是值得閱讀的一本書，十分值得送禮自用，尤其當感覺低沉時。

書的標題又名《左眼皮寫下的生命絮語：潛水鐘與蝴蝶》，大概只有 14 節，每節的篇幅都很短，但你能想像到作者要用多少日，甚至幾星期才有一段文字，閱讀時會被深深的感動。細微的感受都充滿意義。

「在老舊的麻布窗簾後面，映著淺淺奶白色的光，透露了天色已破曉。我的腳後跟很疼，頭彷彿千斤重，而且好像有潛水鐘之類的東西緊緊罩住我的全身。」因此書一開首便提出了潛水鐘。現在很少人用潛水鐘，通常已用背負式的氧氣筒。以前的人潛水需要帶備厚重的潛水鐘，罩住頭部。

「我應該是昏迷了二十天，後來慢慢甦醒。」「我阻塞的支氣管又發出哼哼咻咻的雜音。我的雙手蜷縮在黃色被單上，疼痛難當，痛得我根本分不清我的手是灼熱，還是冰涼……我本能地把肢體伸展了一下，使勁讓手臂和大腿挪動幾厘米，動彈不得就是潛水鐘的感覺。」

接下來他描述了他的無奈：當他正看著喜愛的球賽，男護工卻把他最愛的電視關了，他又無法表達任何意見。後來他的嘴角

雖歪，但能夠微笑，兒子畫了一幅米奇老鼠的畫送給他。

「我突然覺得很可笑，都四十四歲了，還像個小寶寶，需要人幫我清洗、轉身、擦拭、包尿布，完全倒退到嬰兒期，居然會讓我有種隱約的快樂。」這令他有種小時候被母親照顧的感覺、回憶，雖然有種羞愧，但亦有種隱約的快樂，「眼淚就這樣滴到了看護工抹在我臉頰上的刮鬍泡泡裡。」

當他正在物理治療時，那隻蒼蠅竟飛到他鼻尖上，他感覺不舒服。雖然已失去神經感覺，但因無法動彈，也無法擺脫牠。於是他十分痛苦地望著這情景，又無法動彈，這就是我剛剛描述的過程。他只好不斷眨眼，但其他人只顧聊天，他更能感覺到無助的感覺，十分難受。存在的價值，就是想像力和記憶。

〈字母〉一節，語言治療師手持字母表，字母表內是「E、S、A、R」等。這字母表是他的語言治療師和一位心理學家一起設計的，以前不曾有人用過。他形容：

「這個看似雜亂無章的歡樂隊伍，它們的排列組合並不是隨便拼湊的，而是經過聰明的配置。」「與其說這是二十六個字母，不如說是一張排行榜，每一個字母按照它們在法文裡的使用率排定先後次序。因此，E 帶頭舞動」因為 E 是使用得最多，「W 緊隨在最後，深怕脫隊。B 在賭氣，很不高興被下放到 V 的隔壁」，B 在 V 前一點的位置，B 本身在較前位置，卻被放到後

面，「它們兩個的發音老是被搞混。驕傲的 J 很驚訝，它在很多地方常常當一個句子的起頭」，因為 J 在法文是「我」的意思，使用次數高，卻被放到後面，因此它有少許不滿。「胖胖的 G 拉長了臉」，G 竟然與 H 並列在一起，它十分不高興。

讓他感到存在價值的，就是想像力：「我可以去探望我所愛的女人」可以想像與愛人共嚐美味的生蠔，生蠔滑進喉嚨的感覺；因為他的一生中有很多女性朋友，「悄悄挪到她的身邊，撫摸她沉睡中的臉龐。我可以在西班牙建造城堡，掠取金羊毛」，金羊毛是一個神話故事，講述美麗的賽姬得罪了維納斯，維納斯便要求她用金羊毛織一塊地毯，才願意放過她。他可以記憶友人的歡聚，可以記憶性愛的歡愉，可以記憶生蠔經過喉嚨那一刻的美味……

想像力和記憶，是他唯一可神遊在這世界的能力。他的眼鏡右半，由於磨花了，看不見，只有左眼能看到。他常戴上帽子，頭部只能小範圍活動，這就是他最艱難的處境。以上就是他描述偶爾的喜悅，亦是他寫作的動力。這讓我想起尼采的話：He who has a why to live can bear almost any how。

「我生日那一天，在桑德琳（語言治療師）的幫助下，我終於能比較清楚地發出二十六個字母」，用一種比較粗糙的聲音，「二十六個字母被一種來自久遠年代的粗嘎聲音，拋擲到空蕩蕩的虛空之中，這個讓人極度疲勞的練習，好像山頂洞人」，這即

是未學會語言時發出的「啊啊」聲音。

桑德琳為他接通電話，爸爸的聲音傳來，因他的父親患有老人痴呆症，不能探望他。

「我爸爸跟我說，他的兩隻腳很難使力，無法撐著站起來。他已經勇敢地度過了九十三年的人生。他們兩個人就像是愛的鎖鏈兩端的兩個環節，纏繞著我，保護著我。」這段也是相當感人的，電影有一段是他與父親的對話。他能感受到父親在電話另一端的哀愁。

最後一段寫到他因外出活動而經過《Elle》總部，經過時十分感觸。這段是他平日的生活狀態，坐著跑車、四周都是模特兒，四處遊歷等的生活方式；這段描述了他的太太走近與他對話，以一個特寫鏡頭，但她無法安慰他，二人關係越來越遠。

題外話，另一本書是西西的《哀悼乳房》[2]，西西原籍上海，但在香港長大、生活。她的文字十分優美，曾獲不少獎項。她曾患乳癌，在威爾斯親王醫院治療；她以第一身描述其治療過程。跟鮑比一樣，她並未呻吟，亦不帶「加油」等字眼的方式鼓舞生命，反而運用了幽默、輕鬆的筆觸。這兩本書都值得鼓舞一些身處艱難的朋友閱讀。

2　西西，《哀悼乳房》，香港：洪範出版，1992。

3 —— 從艱難的處境中活出意義來

Viktor Frankl 是一個奧地利籍的猶太人，他是一個心理學家和內科醫生（Physician）。二次大戰他被送進集中營。我們簡介一下 *Man's Search for Meaning*（《活出意義來》），全書大概分三部分。

第一部分，它是描述進入集中營的心境變化，第二部分是反思集中營裡的奇怪現象，第三部分是經歷種種絕望後，他再次重建人生的意義。

「第一個階段最顯著的徵狀就是震驚。」因為大家都知道有些火車很擠迫，然後去到波蘭的奧斯維辛集中營，是最大的集中營。可能有二百多萬猶太人在那裡死去，其他四百多萬則分散在捷克或其他地方。

—— 擠迫的集中營裡

集中營的門框上寫上「工作即自由」，即指透過辛勤的工作，你才能獲得心靈的自由。於是他們最初以為這只是一個勞動營，但慢慢真實的輪廓就顯露出來。然後火車到站，他描寫為打破初夜的靜默，然後車廂門被推開，有一小隊人穿著條紋的制服，剃光頭，看來營養不錯的俘虜。為甚麼營養不錯呢？因為這些是被篩選的猶太人，他們比較健康，甚至為納粹黨做一些所謂污穢的工作，包括把其他人送入集中營。納粹黨不是直接行動，反而由猶太人去管理猶太人。

這是當時的人的一種心境，而他身在其中。最後就是把這麼多人置放在 200 人的倉庫內，他曾描述倉庫內睡覺時是平躺的，但當有人想側轉，一旦側轉後，就永遠都不能平躺，因為大家都擠在同一張床。他們的床可能大概是五英呎闊，是一格格的，已經睡了五、六個人，根本每人的空間都不夠一尺闊。所以我們平常睡的三英呎床，92 公分，已是睡了兩至三個人，很擠迫。

接著有另一個情景，他說見到一個人，是納粹軍官，「我與他正面相對。他身材高䠷，合身的制服一塵不染」，但是一副滿不在乎的表情，左手托著右手的手肘，他右手筆直地對著他們，「右手食指悠閒地指向左，或指向右。」意思是動動食指，指向左，指向右。

大家起初都不明白，後來朋友告訴他，輪到他的時候，當軍官向右邊指，就表示繼續工作，即此人的精神健康還可以做事；但若指向左邊，則表示那人有病，甚至可能直接送去毒氣室。所以他的第一個反省就是，原來一個人的手指，輕不著地，就是這樣決定你的生死，純粹憑他的感覺。

接著開始描述他們另一些生活：「等待淋浴時，全身的赤裸，使得我們認清了一個事實：此際，我們除了這光禿禿的一身，的的確確一無所有了。」因為進去時，他所有的毛髮，頭髮，陰部的毛髮，全都剃光。這是一種侮辱人的手法。他不是為了衛生，可能有一點是為了衛生，沒有毛髮就不會長蝨子，但更重要是讓他們失去差別。甚麼叫無差別，我以前說過，是讓你不覺得自己是自己。

——沒有獨處的自由

1945 年是第二次世界大戰結束，1944 年底，歐洲的人普遍都不相信存在納粹毒氣室集中營。這個太難想像，所以不可能。雖然有部分人偷偷拍了相片傳去歐洲，但他們只是局部拍著人們很擁擠的模樣。你看那些照片，沒想過會存在毒氣室，這太不可能。

《罪與罰》的作者，杜斯妥耶夫斯基曾斷言：「人無論任何境遇，都適應得了。」因為杜斯妥耶夫斯基都曾被流放過去西伯利亞，更幾乎面臨死刑，他也很艱難。作者說奇怪的是，想想

我們睡在集中營會病死和冷死，確實很多人死去，但竟然仍有約二分之一，甚至三分之一人存活下來。這些人到底是為了甚麼而能活下去？他提到自己在集中營對獨處的渴望。因為他是一名醫生，所以他在某些情況下，當他們換營時，有一群人去了別處，他就會有獨處機會。他說大概每次有五分鐘之久的獨處時間。

我們平常很害怕孤獨，但原來在集中營裡，當我們沒有自我身份，我們很需要獨處。在這些獨處過程中，他感受到自由的可貴。因為 Viktor Frankl 是醫生，會被分派去傷寒病人區。有一段曾提及，一名傷寒病人剛去世後，因其身體發燒而保持高溫。其他人感到非常寒冷，竟然相繼抱著那具屍體，抱著那名已去世的傷寒病人。接著大家脫下他的鞋子，搶他的鞋帶，每件所有物，最後把全部東西也搶走。

這就是集中營裡的一種，大家冷漠，求自救，甚至很可憐的求生方式。

由於境遇太無望，無時無刻都受到死亡的威脅。因為他隨時會被那些軍官毆打，或會槍斃等等。這裡他說：「我決不去『碰鐵絲網』」，因為鐵絲網內有電流。另一個哲學家沙特曾進過集中營，他說見過最初被送進去的猶太人，尚未受折磨，竟會對抗納粹軍官。軍官說要向希特拉致敬，他們一方面沒資格致敬，也不願意這麼肅穆。當軍官要求他們脫掉所有衣服時，有些猶太人竟然衝去鐵絲網被電死。所以沙特說，人的自由怎樣表現，人好

像沒有自由，失去全部自由，但人可以說不。當我們說「不」時，就顯露了我們的自由。

── 自我保衛的冷漠

到第二個階段，由驚駭變成視若無睹。這叫冷漠，從第一階段到第二階段的冷漠，無動於衷的階段。此時就達到一種情緒死亡的境界，這種情緒是一般人不明白的。他們慢慢知道很多人被送去毒氣室，而且無法逃亡，因為戒備森嚴。這種情形下，他們不再好像起初的驚嚇，即甚麼都不行，覺得很恐怖。有一個描述是，每天早上排隊時，每個人都很積極的走出去。因為如果湧不到去中間，站在一頭一尾，特別是尾的部分，納粹軍官或猶太人助手就會鞭打你。所以走得越後，越容易給人鞭打。他好像羔羊，當走到籠裡，總是每個人都湧往中間，他用這種方式描述。

有個例子，他說得有點恐怖。他說有個男孩 12 歲，光著腳，因為沒有他能夠穿的鞋子。「在雪地裡勞動了幾個小時，腳趾頭都凍壞了，值班醫生用鑷子把已壞死且凍成黑色的趾頭一個個摘掉。」因為冰凍後，他的腳趾頭壞死了，這樣他可能會有壞血病，甚至感染。那醫生就幫他摘掉，用「摘掉」這詞語，幾下就摘掉了。因為是很脆的，冰冷的。我們在香港不曾經歷過很冷的時候，在太冷的地方，零下幾十度的地方，如果耳朵碰著有雪的樹木，耳朵會黏在樹上脫落掉，很恐怖。

冷漠是自衛的妙招。他怎樣說冷漠呢，有個例子挺好的。他說有一次，「我正在該茅舍的另一邊，緊靠著唯一的小窗口，以冰冷的雙手捧著一碗熱湯，貪婪地啜著。無意間，我往窗外一望，恰好看到才移到那兒的死屍，正以呆滯的眼神死盯著我。」前面提到，其實那個人是剛剛死去的。作者剛才還和他聊天，聊了幾句，對方就病死了，他自己倒下。

原來人有種東西叫尊嚴，聽起來很理想或理性。原來當人在被欺壓或被打罵的時候，他可忍受肉體上的折磨，但有時對方說：「你這個懶鬼，我敢說你一定從病人身上揩了不少油囉！」Viktor Frankl 一直是個好醫生，面對這種侮辱，他突然感到憤怒，反駁管工說：「正好相反，我在貧民醫院工作，常常分文不收。」說這句話時他有點害怕。

「有時候再冷漠的俘虜，也會被激得滿腔怒火」，從冷漠裡他開始醒覺，人有一種生命的尊嚴。

── 虛假的希望

1944 年 12 月開始，營中開始傳來一些消息，說盟軍快要反攻。因有新入營者看到柏林被轟炸，並告訴大家，人們都很興奮。

在 12 月 24 日，大家都很緊張。猶太人都把 25 日當成耶穌誕生，即使猶太教未必視祂為救世主，但在其他宗教影響下，他們也相信 12 月 25 日為神聖日子，會有奇蹟出現。越來越多猶太人越趨興奮和亢奮，他們相信很快可以解脫。但到了 25 日和 26 日，奇蹟都沒出現，那些人陸續病倒。到了月底，他們又猜測，會否是 1944 年 12 月 31 日，最後一天才有奇蹟出現呢？人們又開始興奮起來。殊不知到了 1945 年 1 月 1 日，既沒有奇蹟，也沒有盟軍出現，人們開始大量崩潰，他們大量病倒。這些人不是被折磨而死，而是感到絕望。

由帶有期許的希望，進入絕望時是更痛苦的。例如有人患癌，治療期間，醫生說有好轉，病人就相信自己能康復。但又被告知癌症突然復發，這種打擊非常摧毀意志。

幾乎所有俘虜都這樣，因此死亡率非常高。「病人的營舍小得可憐，根本不能容納；藥物也付諸闕如」，看護人員根本沒藥可用。不過，這艱難的情況也有值得科學討論的事。如上所述，有些人會在死去的親人或營友的招魂會上祈禱。

── 絕望中尋求意義

另一方面，他開始自己找出意義，外人是無法想像的。

有一回，難友跟他聊天：「我們的太太看到我們這麼狼狽，會否感到不開心呢？」由此，他想到他的太太。「此後，在顛簸的數里路當中，我們滑倒、絆倒，不時互相攙扶，且彼此拖拉著往前行進；當其時，我們默無一語，但兩人內心卻都知道對方正在思念他的妻子。」此時出現了一個知己，一方面他想念太太；另一方面，更重要的是，他知道另一個人也在想念自己的太太。人原來很需要溝通，但他們平時不能談論這些問題，然而在這顛簸的路上，他知道對方跟自己一樣有同感，而獲得巨大安慰。

　　「整個心房不覺充滿妻的音容。我聽到她的答喚，看到她的笑靨和令人鼓舞的明朗神采。」這就是愛。如果人沒有這樣的愛，會失去支援，「不論是夢是真，她的容顏在當時，比初升的旭日更清朗。」

　　「突然間，一個思潮使我呆住了。我生平首遭領悟到偌多詩人所歌頌過，偌多思想家所宣揚過的一個大真理：愛，是人類一切渴望的終極。」他突然體會到，就是這個艱難的時刻中，所愛的人的存在。這關口是我們愛的對象，我們的親人，我們所愛的人，「我又體悟到人間一切詩歌……是人的救贖，是經由愛而成於愛」成就那種愛，不是一些肉麻的話，而是在此情況下，似乎唯有愛才可使你得到安慰，這是其中一個覺悟，一個很短的瞬間。後來 Viktor Frankl 離開集中營後，發現原來他的太太早已死了。

——燃點意義的自然

另一種意義出現了。「俘虜對藝術和自然的美也會有一種前所未有的體驗。」我們會怎樣呢？巴伐利亞是德國的某地區，人們從奧斯維辛轉到巴伐利亞勞動的途中，他們竟然透過車窗上一個小孔去看薩爾茨堡。薩爾茨堡即莫扎特的出生地，那裡真的很美麗。

我去過薩爾茨堡兩次，湖光山色。「山巒沐浴在落日餘暉中的美景。」該處就是電影 *The Sound of Music*（《仙樂飄飄處處聞》，臺譯《真善美》）的拍攝地點。他們看到薩爾茨堡裡面時，竟會那麼敏感。他說每個人的臉容上，當看到此美景，有落日、美景之際，「一定不會相信我們是一批已放棄了一切生命和獲釋希望的俘虜。儘管放棄了一切希望，我們仍然神往於睽隔已久的大自然美景，並為之心醉。」《莊子》曾說：「天地之大美，稱神明之容。」天地最偉大的美就是能感受到神明的顏容，而不是透過我們一直討論的那種宗教信仰提出的：神不能被肉眼看見，但存在於美感之中。你能看到，「相形之下，灰黑的破茅舍顯出強烈的對比」，大家竟會走出來一起欣賞。當然這些人都是生存下來的人，有生存意志的人。那些選擇自殺的人早已不在人世。

在挖掘雪地的過程中，警衛辱罵了他們。但是因為他們看到了一盞燈，留意這想法，一盞燈，還有前一段曾提及初到集

中營時，他聽到一段小提琴的音樂。想像你在集中營裡，暗無天日，沒有生存的希望時，聽到這些琴聲。大家可以找找這首歌，Mozart（莫扎特）的 Violin Sonata No. 2。

這是最後一段，他甚至覺得自己碰得到妻子，他越來越想像到可伸手握住她的手，這個感覺非常強烈，「恰在那時，一隻鳥悄然無聲地飛下來。」在鐵路旁邊，「而且就棲息在我前面──在我剛剛挖出來的土堆上，還目不轉睛地望著我。」他得到這樣的安慰，思考一下，你能體會嗎？

一隻鳥，可能是一隻烏鴉，不是很漂亮，牠竟然看著自己。這是證明自身的存在。這隻鳥當然是代表大自然的一部分，這不是美感欣賞。剛才那盞燈是代表有人間，還有幸福的人。有一些自由的德國人，他們未必是納粹黨，還有炊煙，人們預備煮飯，這裡你能感覺到生命裡有些人比我們幸福，而他替他們感到幸福。這點大家能體會到嗎？

Viktor Frankl 這本書帶給我們的意義，不只是一種安慰，而是表達了生命中的一種韌力。陷入負面情緒中，你知道自己可以等待。等待的意思是包括，我的情緒會過去，你不要相信情緒會一直留下來。它將會過去，回想一些你曾經開心的時刻。這一點是，跟自己說，我要耐心等待這些情緒過渡。

4——*林夕的佛系歌曲* ▋

（編按：本節陶國璋引用了林夕「詞海任我行」的演講內容來作闡述。）

我想講解兩首林夕的佛系歌曲。我看這裡面有一種比較感性、藝術形態的態度，從一種感情的〈百年孤寂〉，不斷流逝，談到生命如何放下，到一種現實世界的心路歷程。所以我覺得林夕的想法挺有趣的，可幫助我們了解平時覺得很艱深的佛學問題。

在林夕的「詞海任我行」的講座中，林夕自己反省道，自己寫歌詞寫了三十年，第一個十年是為了維生；第二個十年主要寫愛情，愛情寫得相當出色，包含自身經歷；到了第三階段，第三個十年就開始寫佛系，寫比較有哲理的歌。他說如果佛學是解決痛苦的話，他曾有一些作品好像一顆顆現成的止痛藥，比如劉德

華的〈常言道〉，林夕覺得止痛藥當然是好的，是有其需要的，止痛之道就是面對、接受、放下、自在，但要找到一個較聰明的方式來演繹老生常談，否則他不會滿意。當林夕寫歌詞進入第三個十年，他覺得要掌握很多學識，學習如何能真正感染到他人的方法，去解釋「阿媽是女人」這五個字，也非常不簡單。林夕提到，首先要認識這個世界比較立體的面目，而非扁平的、無性格的。

他說早期寫給梅艷芳的〈似是故人來〉就是比較扁平的，「斷腸字點點／風雨聲連連／似是故人來」，歌詞講述臺上臺下，人生就像一部戲，你又何必這麼緊張？歌詞是叫你放下一些關於戀愛的痛苦，一種善意的勸勉。我想提出另一首林夕寫給張敬軒的〈過客別墅〉，意境其實也簡單，一方面是勉勵失戀，更重要是，強調大家都是生命的一個過客，包括你的形軀、對方的形軀也是一個過客，我們不過住在別墅裡面。有的人過得很華彩，有些人活得較艱難，但其實都不過是一個個過客。到寫給張國榮的〈我〉，林夕認為這首歌開始對人生哲學探討得較深刻，表達了張國榮自己的生命，因為他也了解張國榮的困擾。

── 其一也一，其不一也一

林夕自己認為〈任我行〉，是看到世界的立體面目、走出老生常談的一首作品。「頑童大了沒那麼笨 」、「可以聚腳於

康莊旅途然後同沐浴溫泉」、「為何在雨傘外獨行」，我想說的是，〈任我行〉並不是簡單地說「你的人生就是逍遙」，它有一個更強勸勉。林夕在講座中說，有一種境界，沒有一條線規範，你也自然會遵循一些事情，這遵循不一定是外界給你的一個絕對指令，而是你非常誠懇地，聽從自己內心的呼喚，而他補充說絕對和這個世界相反的路徑之間，其實沒有一條路絕對是對的，或絕對錯的路，因為你走不同的路，都會有不同的收穫和代價。

我從林夕所說的想到，我們很容易感覺孤獨，很容易將自己放在孤獨之中，這世界沒人了解自己，以致感到一種隔離，這就是現代人最普遍的情緒。而喜歡佛學的人，往往稍微看不起世俗——世俗稱之為「俗」就表示「俗不可耐」，總會有很多所謂的追求金錢、名利，或在人生方面，彼此之間互相壓迫，家庭不和，我也看過很多這種負面的事情。林夕的意思是，你不要太隨意放棄世俗。

莊子說「其好之也一，其弗好之也一。其一也一，其不一也一」、「與人為徒，天與人不相勝也」。莊子的意思是，你喜歡的事物，也需要保持一種生命的純一。你不要太紛亂，喜歡的事物自然會與之合一。例如剛剛有同學說得到了 PS5，在你玩時差不多達到了人機合一，你真的很愛它，或感到非常滿意。「其弗好之也一」，當自己陷入不喜歡時，我們仍需要保持這種「一」。這個「一」的意思是，「其弗好」即不喜歡之

處，我們也要保持它。有時候我們對自己的生命不是很滿意，這就是「其弗好之」，或我們對家庭不太滿意，或是對自己的性格不太滿意、對自己成績不滿意，你也要保持。為何保持呢，我後面會講到。

「其一也一，其一與天為徒」，這分成兩種，如果你是「其一」的話，就代表你的生命很純一時，到達了「天地與我並生，萬物與我為一」的境界。你與天為徒，「徒」就是伴侶、陪伴，即是說你與形而上的世界或者永恆世界為伴——舉個例子，你有宗教信仰，你感覺到時時修行，感覺寧靜，你就是「與天為徒」。「其不一與人為徒」，「不一」的時候，你的狀態其實是與人作為伴侶，和你的群體裡的人為伴。

林夕講得相當好的一點是，我們這些樂於思考的人，往往不願意「與人為徒」。孔子有句話，「吾非斯人之徒與而誰與」，即是如我不是那些人的同伴，我是誰呢？其實我們需要人作為我們的伴侶，伴侶的意思不只是要與人很親密這麼簡單。莊子後面說「天與人不相勝也，是之謂真人」。如果人能夠有一些高尚理想，如藝術修養，或希望人生得到真正的解決，這叫「與天為徒」。

「世上有多少個繽紛樂園，任你行」當你能達到這種生活時，你會發現正如雲門禪師所講，「日日是好日」。這種說法不是普通勸勉，而是一種境界，經過體會後的境界，而不是一開始

便指示說「你最重要的是放下，不要執著」之類。如何可達到這境界呢？我們在下節提供一些出路。

── 重新學習回到人間世

「從何時你也學會不要離群」，桃源代表著理想的地方，例如我們躲在大學，躲在自己的象牙塔裡，你以為是這樣，但其實是一種「蝴蝶困於那桃源」，這是一種很深刻的體會。「雨傘外獨行」是一個意象，暗指我們經常過分孤高，過分看不起世俗。佛教常說「真俗」議題，「俗不離真，真不離俗」，你不可完全放棄這世間，一旦放棄，就會出現一種孤高的幻想。

就像是香港現在社會的處境，或是疫情，經濟困難，政治爭執，每樣事物每方面，都不是從心所欲的，我們也感覺到了限制。但「限制」在莊子的思想裡，你要明白「其不一也一」也是這世間的真相，你需要與它為徒。

追求理想外，追求一些更真實的真理、追求在人生中有更多閱歷，這是與天為徒，存在理想性。但另一方面，與天為徒當然是艱難的。特別要記得莊子說的，如果你只是與天為徒，當天超過人時，你就會失去你的同伴。你就會產生孤獨，為甚麼會孤獨呢？不是讓你眷戀這種孤獨，而是在這種孤獨中，有時候會對我們構成很大很大的牽制。

因此適可而止的重點在於，如何與人為徒呢？不是要你變成一個善於社交、和任何人都能聊天的人，而是你盡可能找尋人生中可溝通的對象。如果找不到，那是因為你不懂溝通，或是還未能將心扉打開。現實中每個人都有其孤獨性，每個人都想有真摯的朋友。因此如果你多一點知識、多體會別人，你自然會有很好的朋友。

——上善若水的智慧

林夕談到自己調配止痛的配方時，談及他很尊崇水這種物體，《道德經》說「上善若水」，水能夠非常柔軟，又堅強，能進入任何形狀的容器；林夕說自己在生活中也知道自己可以飾演一滴水，其歌詞、內容、概念、精神，能夠像水一樣放入不同旋律中；成歌後也是如魚得水。

王菲的〈百年孤寂〉是在講輪迴，講生命在不同形態下的模樣。衍空法師喜歡用這例子說明，他常說，一個小朋友握著一個冰淇淋，冰淇淋很甜、很可愛，但有否想過冰淇淋來自天空的水，水結冰後賣給某家公司，並變成手上的冰淇淋。但當它被吃完後，可能掉入溝渠變成污水，最後被沖出大海。在這世界裡，若要說變化，一切事物都在變化中，這就是我們之前所講的「等無間緣」。

世界從不會停止，若太自我中心，則往往跟從著自身肉體的軌跡。我今天吃了漢堡包、我今天見了某某。所以我們寫日記一般從自己視點出發，以肉身所見的周圍去觀察。尤其是現在的 Facebook 或其他平臺，人人上載自己所見。我看過一個朋友寫，他今天去了麥當勞，吃了漢堡包，漢堡包多給一塊青瓜，平時是三塊，今天是四塊，真是一個奇蹟，便拍照。這樣的小確幸，或一些細枝末節的東西，有時候你參透便會很深刻，但如果只停留在那裡，你就會變成很自我中心。人為甚麼會自戀？其中一點是將自我放得太大，高高在上，看不到其他人。〈百年孤寂〉中寫的雲、雨、汗等等，你身邊的人，其實可能他的一滴汗是來自於雲——如果這樣思考，會發現這世界是相當豐富的。

「軟弱無力全是　堅忍的證據／靈魂內有信仰　搶不去／這種搶匪也許　比你畏懼／想保無邪之軀／還是必須好好過下去」衛蘭和林二汶的這首歌〈最後的信仰〉是 2019 年之後寫的，不是純正的佛學，但代表其現在心境，經過香港政治轉變下的心態。我們在這時候很容易唏噓，感到無助。但佛教思想呢，能看到緣起、緣滅、緣聚、緣散，世界永遠不是固定如此的，總會有其他可能性。關於這點，我覺得林夕表面上像是個佛教徒，但事實上反而是相當積極，並且很進取。

—— 走出立體的一步

林夕談自己寫〈Shall We Talk〉時，覺得心很冷、很不安穩，於是致電媽媽說對不起。他說「我覺得『對不起』這三個字很重要，然後整個人便放下了包袱。成為一名『內疚怪』可能和成長的過程有關。」其實我們的父母到了任何年紀，都還是會跟我們說常見的道理，如「人最重要的是安全」、「人最重要的是為自己」，這些說話哪些真哪些假呢？我們只能用自己的深刻度去評判，不能用辯論的方式。我們的深刻度，到了某個階段自然知道，某些事情其實是微不足道的。向我們的親人說「對不起」是很艱難的，它表面上看似很簡單，但因為艱難，我們便停止了。

〈Shall We Talk〉這首歌其實相當深刻，歌詞的意思是我們如何解開自己的煩惱和痛苦呢？不僅僅是追求哲學、追求佛學等所謂理想的學問，這些方面是增加我們的智慧；而真正的般若智慧是，「般若非般若，斯之謂般若」，意思是你不能只停留在閱讀、看書，或在自己的智慧裡追求人生的最高境界。

我們常因矜持而不肯說對不起，也經常因隔膜而認定對方為人，不再願意認識對方，包括感情、兄弟姐妹或者父母等。這裡說的「對不起」，不是一般的、普通的道歉，而是先走出一步，這就是剛才所講的立體感，對自己、對生命的解決。

這也是我們剛才提到的〈百年孤寂〉，「背影是真的／人是假的／沒有甚麼執著」、「一百年前你不是你／我不是我」，這可以是談感情，但如果你從一個較深刻的反省，如果你將所有愛情、親情、人倫關係，都看成虛幻，那就不需執著了。這是小乘佛教的想法，即是離開這現實的世界。

── 無常與定常

所有事都不是你能 expect（預計）到的。對我來說，這世界最有趣的地方在於我不能預計個人或他人，同輩同學等等發展也各不相同。各人有各人的工作、家庭，究竟孰好孰壞，是不足為外人道的。所以我認為人性有時候比我想像中更複雜。

平常談佛學時，較少說到佛性，佛性就是慈悲，「慈者予愛，悲者憐其苦之深」；慈悲就是見到他人的痛苦難捨，內心有不忍、同情之心。

我感覺到林夕是一個很敏感的人，雖然他可能是一個很敏感的人，敏感的人有自己的處理方式，會走向一種修行、放下，因其已對世界有很深的關懷、悲願很深，本身未必採用更激進或積極的方式，但始終有自己的反省。如果你在讀哲學時覺得概念很困難，看林夕的歌詞反而會更加深刻、更加觸動，歌詞並不深奧，但其中具有深度。

據林夕自己的說法，有些對佛教的描述是一種止痛藥。記得分清楚：止痛藥似乎是告訴你應該如何去做，其實不是的，仍然是返歸於自身內部，包括剛才說到的，在基督教裡，你嘗試仰望天際，會感覺到星宿的神秘。我自己的碩士論文是關於德國哲學家康德，他的墓誌銘寫著：「有兩樣事物讓我內心充滿常新而日增的驚奇和敬畏：我頭上的星空和我心中的道德律。」使人感覺非常莊嚴而崇高。這個宇宙這麼龐大，世界亦很神秘，令我感到神秘。但你內心的道德律，如何表現呢？那是一種不能停止的關懷，自身有種湧動而出的關懷，你需要十分麻木才能壓抑它。這點沒有違反佛教，佛教所說的「精進」便是這樣，不是捨離、看破所有，便當作自己明白一切。

5——甚麼是人生的意義？

　　我們從思考情緒問題，體會空虛、無聊以致絕望，領悟人生的艱難相。 德國哲學家尼采說：He who has a why to live, can bear almost any how（如果你在人生中找到存在的意義，你就能夠承受任何的苦難）。其中的關鍵處這個 Why 是甚麼？於是我們必須進入人生的意義問題。

　　「人生意義」其實是一個複合的問題，剖析人生意義需要有些策略。首先，我們從不同的價值追求來了解人生的意義。原來所謂意義或者價值是有層級的分別；

第一層的人生意義：滿足感

　　你認為甚麼是意義？一位患有抑鬱症的人覺得，人生甚麼

都沒有意義，甚至想到自殺了結一切。這屬於特殊處境，一般人不至於這樣，他一定會說他不知道甚麼是人生意義；你再問：你喜歡吃甚麼？你喜不喜歡吃雪糕？給他一個問題，他說不喜歡吃雪糕，但他喜歡吃名貴的龍躉魚。那就是龍躉對他來說產生了快樂感和滿足感，那麼滿足就是意義嗎？原來一般人所說的人生意義，其實是指滿足感，而滿足的對象是因人而異，因而推論出意義是相對的：你覺得打遊戲機得到滿足感就是意義，他喜歡談戀愛，戀愛的甜蜜感也是一種意義；有些人追求名、利、權力、美貌等等都可以產生一種滿足感。那麼，滿足感就等同人生意義嗎？

佛教說的，苦先於樂（先苦而後樂）。這個挺不錯，可以回應滿足感等於人生意義的盲點。因為佛教說人生的本質就是有所需要，而有所需的不一定獲得所需的對象，佛教稱之為求不得之苦。例如你是要口渴然後飲可樂才能滿足，跟著你又會再次口渴，需要永遠先於滿足，這叫做苦先於樂。滿足感有不穩定性，用英國哲學家羅素的話：這種意義是受到偶然所擺佈。

第二層：較量化的滿足感，更高的質上的意義

第二層域的意義：有一種成長發展的關係，就是說小時候有小時候的滿足，讀書屬害，聰明過人；中學時，大家最重要的是爭勝，男生要奪得運動會的獎牌，女同學有許多人追求，表面

上少年不知愁滋味，但是遇上情緒問題，戀愛忐忑或者社會上的不公義，開始有種無力感，年輕人本來生命力充沛，這種感覺很難受，於是人要求逃避，不斷找尋分心的方式。煩悶時，玩遊戲機、上網，或走到街上，特別是熱鬧的市區，這裡看看，那裡看看，在手機中與朋友閒聊。

但你到 30 歲前後，生活總算穩定下來，可能會有一些「質」上的追求。人首先一定是「量」的，例如跑車的隆隆聲，男生女生漂亮高大，全是量的比較；但到了「質」的階段，懂得喝紅酒，去旅行時不是早機去晚機返，改變方式享受生活。這種意義提升了，我們叫「質感的意義」。但是忙碌的生活中，匆匆往來的社交生活，填塞所有思考的空間，人不自知其紛馳而外散，以為一切都充實而穩定，一旦遇上不如意事，人會面對一種莫可名狀的惆悵，究竟惆悵甚麼呢？亦很難說得清，就是一種厭倦感，或者一種癱瘓感。互相訴說別人的是非，或者過慣了規律式的上班下班生活，於是到外地旅遊；而人對旅遊都發生煩悶時，就想些新奇的玩意，如從橋上跳下，尋刺激。人覺得煩悶，就是用分心的方式，尋些樂趣新奇，希望將當下的空虛感打發掉。

中年過後，雖然事業有成，進一步追求名譽、權位之類，覺得要有成就。名利場中紛馳過度，情緒變得流動不定，如意時，一切舒暢樂觀，意氣風發；稍不如意，則難以自控，或鬱結於內，悶悶不樂。你會生病、衰老，會有悲秋之情，開始明白成敗到頭一場空的感嘆。

跟著是老年，要面對天然的生死危機，感慨時不我與。文學家歌德寫的詩劇《浮士德》（*Faust*），他本來是很有名的煉金術士，十分博學。但臨老時，突然間覺得一切皆空，我學識這麼淵博都沒用。這就是人生終極的空虛。空虛感的本質，就是失去對意義的追求，直下面向無可名狀的空白。老年人常常只覺腦海一片空白，甚麼都不願做，甚麼都不願思索，全幅是癱瘓，稍有所覺，只不過是一種厭倦感。

第三層：切實理解人生的苦相

我們要進入第三層域的意義。意義原來不是我們想像中的一個特定對象，也不是很多人說的相對（意義）。要避開這兩個盲點：特定對象就是，好像這世界有一樣東西叫意義。所以我們運用第三點，就是用 Viktor Frankl「D=S-M」的公式去解釋甚麼是意義。D 是指絕望，S 是指苦難，M 是意義，所以全句是 Despair=Suffering without Meaning（絕望＝沒有意義的受苦難）。

於是 meaning（意義）是甚麼？ 我們用一個反面的方式表達，一位小學生因為功課不合格，立即感覺人生沒意義，甚至自殺。但是南非前總統曼德拉被囚 27 年，仍然生存下來，因為他覺得即使坐牢都有意義，可以改變黑人的命運。理解 Viktor Frankl 的「D=S-M」公式：人生意義的問題開始轉調了，我們不要再問甚麼是人生意義，而是直面人生的苦難，你認為人生最大

的苦難是自我的形象：你的名、你的利、你的權？則你又會走回第二階段的困境，每個年紀都有其意義的失落模式；甚至你覺得人生是一種虛無，人生根本沒有意義。還是你希望能夠為他人做一些事，如關懷被政治壓迫的人，或者安慰面臨垂危的病人。

總結一下：第一層是滿足感；第二就是你的生理發展，年齡增長時，意義一直改變。但到了最後，大家都有不幸的遭遇或者生死的限制，你覺得自己這麼辛苦幹甚麼。所以第三層就是 D=S-M。其實最大的問題不是絕望，也不是意義，是面對人生的苦難，了解人存在於世的本質。

第四層：理解命運與命限的區分

佛教認為世界是苦先於樂，有點悲觀，孟子對人生的本質有比較正面的描述。孟子曰：「君子有三樂，而王天下不與存焉。父母俱存，兄弟無故，一樂也；仰不愧於天，俯不怍於人，二樂也；得天下英才而教育之，三樂也。」第一點「父母俱在，兄弟無故」，就是你爸爸媽媽健在，這些是無可求的。若他們突然死了，患癌等，這樣很悲慘。兄弟無故也有命運的限制，兄弟不幸遇上車禍身亡，也是很無奈的。「仰不愧於天，俯不怍於人」就是你問心無愧。孟子再說：「人有不時之譽，有求全之毀」，表示雖然你對自己的工作認真負責，還是會被打小報告，甚至被人誣告，這是你的命限。

第三點，就是「得天下英才而教育之」，孟子說的是自己的抱負。這種「得天下英才而教育之」，你可以將自己的文化理想承繼下去。孔子周遊列國如是，我的老師唐君毅、牟宗三如是，終生孜孜不倦為中國文化而奮鬥。這就是君子的三種快樂，不是一般的名利權威，所以「王天下不與存焉」，即使能夠管治天下也不與之交換。

但是孟子繼續說，此中有命焉，儒家的命是指「命限」。你能否父母俱在、兄弟無故，或者得天下英才育永，在後天都沒有必然性，這需要機緣，是偶然的，所以「此中有命焉」。不過孟子再反過來說：「君子不謂之命，君子謂之性」。一個有德行的人，不將這些看成是絕對的限制，而是說此中有性焉。「性」是指人的道德性，道德性或者良知就是勉力而為，盡其在我。現實上家庭不和諧，兄弟姊妹甚至父母關係不好，比比皆是，這是命，受社會風氣影響，受經濟條件影響，也受父母如何教育子女的方法影響，人成長不離開家庭，而家庭的幸與不幸往往就是你的命限。朋友可以絕交；但是天倫是與生俱來，有一種血濃於水的關係，最難安立。

第五層：從世間的聰明提升到出世間的智慧

最後一層就開始談聰明和智慧。安立人生意義需要從聰明提升為智慧。

先說聰明，聰明是與生俱來的，有些人特別聰明，或者記憶力特別強，這點沒有公平可言。而我們會有一種命運感，覺得為何我不如人。這點我思考良久，命運是低層次的，為何我會被命運佈弄，為甚麼偏偏是我呢？你會有怨言，你會發問人生有何意義呢？

依佛教說，一般的聰明是一種巧慧，因為聰明包括做事很好，讀書很棒，吸收很快，這些都是聰明。聰明包括思維清晰，頭腦轉得很快並且具有一定知識，懂得怎樣去應付一些知識難題，怎樣去處理人際關係，那些一大堆。許多人懂得與人交往，我們稱為面面俱圓，就是這些。但它不是智慧，用佛教觀念來說，你一談到智慧，立即陷入一個弔詭之中，就表示我們已經明白智慧，然後介紹給大家。那你不是有所自矜嗎？

人生意義第五層域，我認為是一種辯證的修養境界，我們不能正面表達甚麼是智慧，否則會陷入上說的自矜之中；於是我們轉而參考一些經典對智慧的描述，參考智者的話語，就是莊子所說「以重言為真」的態度。第一種是道家式，道家式就是你將自己放在一個這麼宏大的宇宙內，思考「道」的問題。道家說「道可道，非常道」，存在是有個龐大背景，如果你只追求一般的滿足，落入「五色令人目盲，五音令人耳聾，五味令人口爽，馳騁畋獵令人心發狂，難得之貨令人行妨」，生命只會耗欺殆盡，所以你要尋找智慧，首先要掏空你自己。所以用一個現代的名字叫減法思維，不是在追求知識。

佛家怎說呢？它從根源上分析苦的來源，跟道家不同。苦的來源就是生命本身有無明，無明就是非理性的衝動。《維摩詰所說經》提到「善不善？孰為本」的問論，究竟人生的痛苦煩惱是怎樣來的？維摩詰答文殊菩薩曰：「以身為本。又問：身孰為本？答曰：欲貪為本。又問：欲貪孰為本？答曰：虛妄分別為本。又問：虛妄分別孰為本？答曰：顛倒想為本。」

　　其實這個世界的煩惱是反過來，「顛倒想」，所以「顛倒想」既是「無住本」，佛教到此境界就是，一切的痛苦煩惱都是無本。我們要明白煩惱的根源，人存在時顛倒了世界，以為一切東西可以執定，可以擁有，以有涯逐無涯，而不明白苦先於樂的道理，這就是人生煩惱的根源。

——無我相、無人相、無眾生相

　　佛家其中的《金剛經》，有趣地方就是六祖慧能聽了《金剛經》：「從無住本立一切法為本」的時候，忽然靈光爆破而頓悟，這好像很戲劇性，其實這呼應我們剛才說的《維摩詰經》，善不善孰為本。其實他沒讀《維摩詰經》，但透過《金剛經》的般若後，就明白了世界的「無住本」、「空」，因為佛教的基本前提就是緣起性空，世間一切法都是緣起的，世界是如幻如化。第二點，《金剛經》有個奇怪地方，出現「無我相」、「無人相」、「無眾生相」、「無壽者相」，在只有一萬多字的《金剛

經》中，卻出現了十八次。這是非常特殊的。

當中須菩提求問佛陀如何成菩薩道，首先佛陀回答要放下甚麼，甚麼跟甚麼，然後最後說，如何成為菩薩呢 ？「我相，即是非相；人相、眾生相、壽者相，即是非相。」如仍有「我相」、「人相」，即是非菩薩也。「我相」就是自我中心，自戀自大等等，人相就是畏懼別人的目光，受他人所影響。但最重要的「無眾生相」， 甚麼是「無眾生相」呢？我想了很久。一般人都是「我相」、「人相」，「眾生相」呢？

之前去臺灣跟很多學長學弟會面，分別二十多年，發覺大家的哲學觀，因為各自不同想法，人人都自認自己的觀念才最正確。有學長認為「中國哲學唯我馬首是瞻」，於是我想到「眾生相」問題。眾生有兩重，一般的眾生相，指一般營營役役的群眾；另一類眾生是指有能者，很聰明的、很有能力的，往往能夠成立「一家之言」。越深刻的哲學理論，只有自己明白，於是跟別人對立。念哲學的你不會跟某個政治學家對立；但你一定會跟你很接近的領域的人對立，你就會出現一種特別的芥蒂。「既生瑜，何生亮」，那種嫉妒感到在此出現，甚至有一種特別的鬱結。

「沒有人明白我」、「我做了這麼多東西都沒人明白我」，之類，所以「眾生相」就是指有才能的人，有各種各樣的相，無窮的相，例如「五百羅漢」，有些低眉菩薩、有些怒目金剛、降

龍伏虎，這是象徵的描述，其實不是指真人。這些都是修道者，這就是眾生相。佛家需要你靜觀或者做一下布施，令你自己的生命有所作用，所以佛家最重要是慈悲，「慈者予愛，悲者憐其苦之深」，對眾生的差異性體會很深，所以可以接受不同的理論。

—— 貫通儒道佛三家，思考人生的意義

回來說說儒家思想。其實孔子《論語》有幾段，我很喜歡。第一個就是「人不知而不慍，不亦君子乎」，這就是智慧。剛才說到「眾生相」，當我見到自己的限制性，即是連這個「相」都放下，於是到了最後的境界就是「一體平鋪」。佛教的說法，「心佛與眾生，是三無差別」，心靈，即煩惱心；眾生和佛性，是三個無差別，心是煩惱心，又是最神聖的佛心，又是眾生的差異處境。修養就是將神聖與煩惱一視同仁，是真正的平等。

根據牟宗三先生說，聖賢、佛、至人，能夠透過實踐，以純潔化其生命以至其極。聖賢是一個理想位格，聖賢很難當。佛教所說的菩薩，道家所說的至人，都是人生的圓滿境界。最初我們說的人生意義是向外的，以為滿足感、名譽、權力或者金錢就是人生意義之所在。東方主體性哲學卻重視修行，我們首先要自覺自己有不足處，所以必須透過實踐。實踐是甚麼呢？就是剛才說的人生有很多層次，佛教甚至有個五十二階位菩薩，層層升晉，最後才成為佛，表示修行的境界是無窮的歷程。佛

的意思就是真正的覺者。

所以孟子最後補充人生最後的境界，原文是「聖人之於天道也」，偉大聖賢或者覺者、至人，他們追問關於天道的終極問題；孔子或是釋迦牟尼或者耶穌，對終極的領悟也有一種限制。悟與不悟，受你的文化、性格所限，孔子看到的是克己復禮；佛陀看到的是慈悲，因為其文化中有種姓制度，強調追求平等；然後道家在戰亂中想找到一種寂靜的安寧，「虛室生白，吉祥止止」就是莊子所說。所以莊子講的跟孔子不同，孔子跟釋迦牟尼不同；釋迦牟尼跟耶穌又不同。孟子給我們一個很好的參考，就是這些人都有限制，他說始終有命焉，都有所不同。但是「君子不謂命也」，這情況下有這樣的差異和限制，我們都不放在心上。

總結說：「人生的意義」並不是一個對象東西，也不是具體的滿足感，毋寧是我們追求自我善化、真實地活著的歷程。你能回應尼采的話嗎？ He who has a why to live, can bear almost any how。

無聊、空虛、絕望……紓解無助感的哲學配方

作者：陶國璋
責任編輯：鄧小樺
執行編輯：余旼憙
對談：黃沐恩、吳啟超
文檔整理：梁莉姿、陳肇廷
文字校對：梁莉姿、莊淑婉
封面設計及內文排版：陳恩安

出版：二〇四六出版／一八四一出版有限公司｜發行：遠足文化事業股份有限公司（讀書共和國出版集團）｜社長：沈旭暉｜總編輯：鄧小樺｜地址：103 臺北市大同區民生西路 404 號 3 樓｜郵撥帳號：19504465 遠足文化事業股份有限公司｜電子信箱：enquiry@the2046.com｜Facebook：2046.press｜Instagram：@2046. press｜法律顧問：華洋法律事務所 蘇文生律師｜印製：博客斯彩藝有限公司｜出版日期：2024 年 07 月初版一刷｜定價：380 元｜ISBN：978-626-98123-3-2

國家圖書館出版品預行編目（CIP）資料｜無聊、空虛、絕望……紓解無助感的哲學配方／陶國璋作 . -- 初版 . -- 臺北市：二〇四六出版，一八四一出版有限公司出版：遠足文化事業股份有限公司發行，2024.07 ｜ 272 面；14.8×21 公分｜ ISBN 978-626-98123-3-2（平裝）｜ 1.CST：情緒 2.CST：哲學 176.52 ｜ 113008846